LOS CUBANOS

Figueredo

LOS CUBANOS

Auf der Suche nach der Seele Kubas
Searching for Cuba's Soul

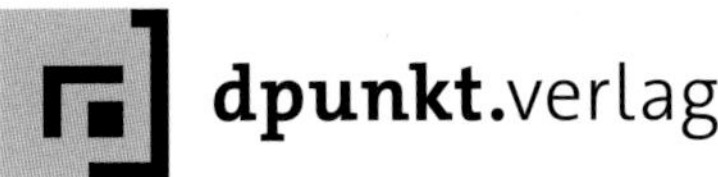

Figueredo
www.leicahavana.com

Lektorat: Gerhard Rossbach
Lektoratsassistenz: Anja Weimer
Übersetzung: Jeremy Cloot
Copy-Editing: Alexander Reischert, *www.aluan.de*
English Copy-Editing: Joan Dixon
Layout & Satz: Anna Diechtierow
Herstellung: Stefanie Weidner, Frank Heidt
Umschlaggestaltung: Anna Diechtierow
Druck und Bindung: Grafisches Centrum Cuno GmbH & Co. KG,
        39240 Calbe (Saale)

Bibliografische Information der Deutschen Nationalbibliothek
Die Deutsche Nationalbibliothek verzeichnet diese Publikation in der Deutschen Natio-
nalbibliografie; detaillierte bibliografische Daten sind
im Internet über *http://dnb.d-nb.de* abrufbar.

ISBN dpunkt.verlag:
Print   978-3-86490-858-3
PDF   978-3-96910-551-1
ePub   978-3-96910-552-8
mobi   978-3-96910-553-5

ISBN Rocky Nook:
Print   978-1-68198-857-3
PDF   978-1-68198-858-0
ePub   978-1-68198-859-7
mobi   978-1-68198-860-3

1. Auflage 2021
Copyright © 2021 dpunkt.verlag GmbH
Wieblinger Weg 17
69123 Heidelberg

Distributed in the UK and Europe by Publishers Group UK
and dpunkt.verlag GmbH. Distributed in the US and all other
territories by Ingram Publisher Services and Rocky Nook, Inc.

Hinweis: Der Umwelt zuliebe verzichten wir auf die Ein-
schweißfolie.

Schreiben Sie uns: Falls Sie Anregungen, Wünsche und
Kommentare haben, lassen Sie es uns wissen: *hallo@dpunkt.de*.

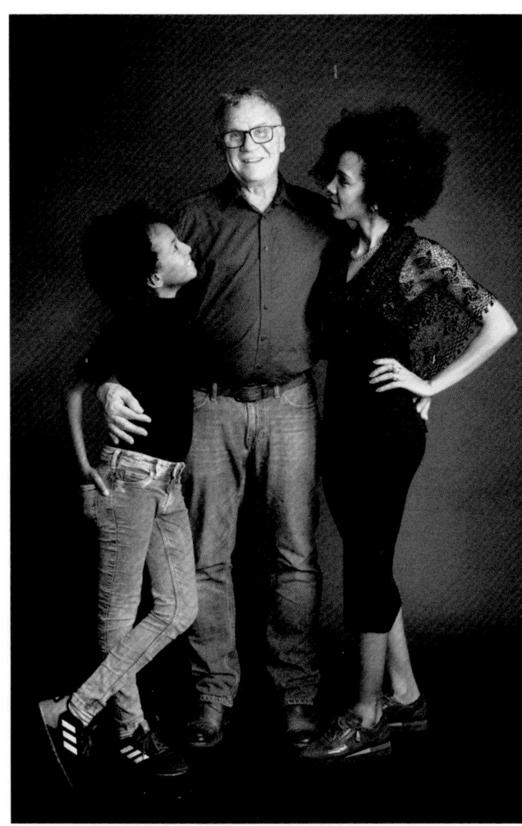

Für/for Daniel & Meike,
Aline & Johann, Cyane, Hanna, Willa
Somaida & Yoana

VOLKER FIGUEREDO VÉLIZ, geboren 1953 als Volker Büffel, arbeitete nahezu vierzig Jahre bei einem großen Computerhersteller. Nachdem er ein »Early-Retirement«-Angebot angenommen hatte, zog es ihn nach Kuba, wo er auch seine jetzige Frau kennenlernte. Als Fotograf hat er sich mit seinen Bildstrecken zu Kuba weltweit einen Namen gemacht. Er lebte mehrere Jahre in Havanna, hat hier seine fotografische Inspiration gefunden und in Kuba auch Fotoworkshops für Fotografen aus aller Welt angeboten. Mit seiner Leica sucht er immer wieder das, was typisch für Kuba ist, aber von Urlaubern und Besuchern nur selten gesehen wird – oder nicht gesehen werden kann. Dadurch, dass er auch familiär in Kuba Wurzeln geschlagen hat, wurde es ihm möglich, das Vertrauen der Menschen zu gewinnen. Er bekam Zugang zu einer Welt hinter den Kulissen des Urlaubslandes, zu dem Alltäglichen, zu den Sitten und Bräuchen, zu den Freuden und Sorgen der Kubaner. Seine Serie »Cuba Inside« wurde in mehreren Galerien in Deutschland ausgestellt. Figueredo lebt mit seiner Frau Somaida und Tochter Yoana seit 2018 in Deutschland, besucht Kuba aber auch weiterhin wann immer es ihm möglich ist.

VOLKER FIGUEREDO VÉLIZ was born Volker Büffel in 1953. He worked for nearly forty years for a large computer manufacturer and, having accepted an offer of early retirement, he headed for Cuba where he met the woman who is now his wife. As a photographer, Figueredo has built up a worldwide reputation with his images on Cuba. He lived for a number of years in Havana, where he found the inspiration for his own personal photography and led photo workshops for people from all over the world. He uses his Leica to capture everything that is typically Cuban but that is seldom seen by holidaymakers or other visitors to the island. His family connections have enabled him to gain his subjects' trust and have given him access to the everyday world of local customs and traditions, as well as the joys and worries that otherwise remain hidden behind the scenes of the tourist-friendly Cuba that the rest of the world gets to see. His »Cuba Inside« collection has been shown in multiple galleries across Germany. In 2018, Figueredo relocated to Germany with his wife Somaida and their daughter Yoana, but he still visits Cuba as often as he can.

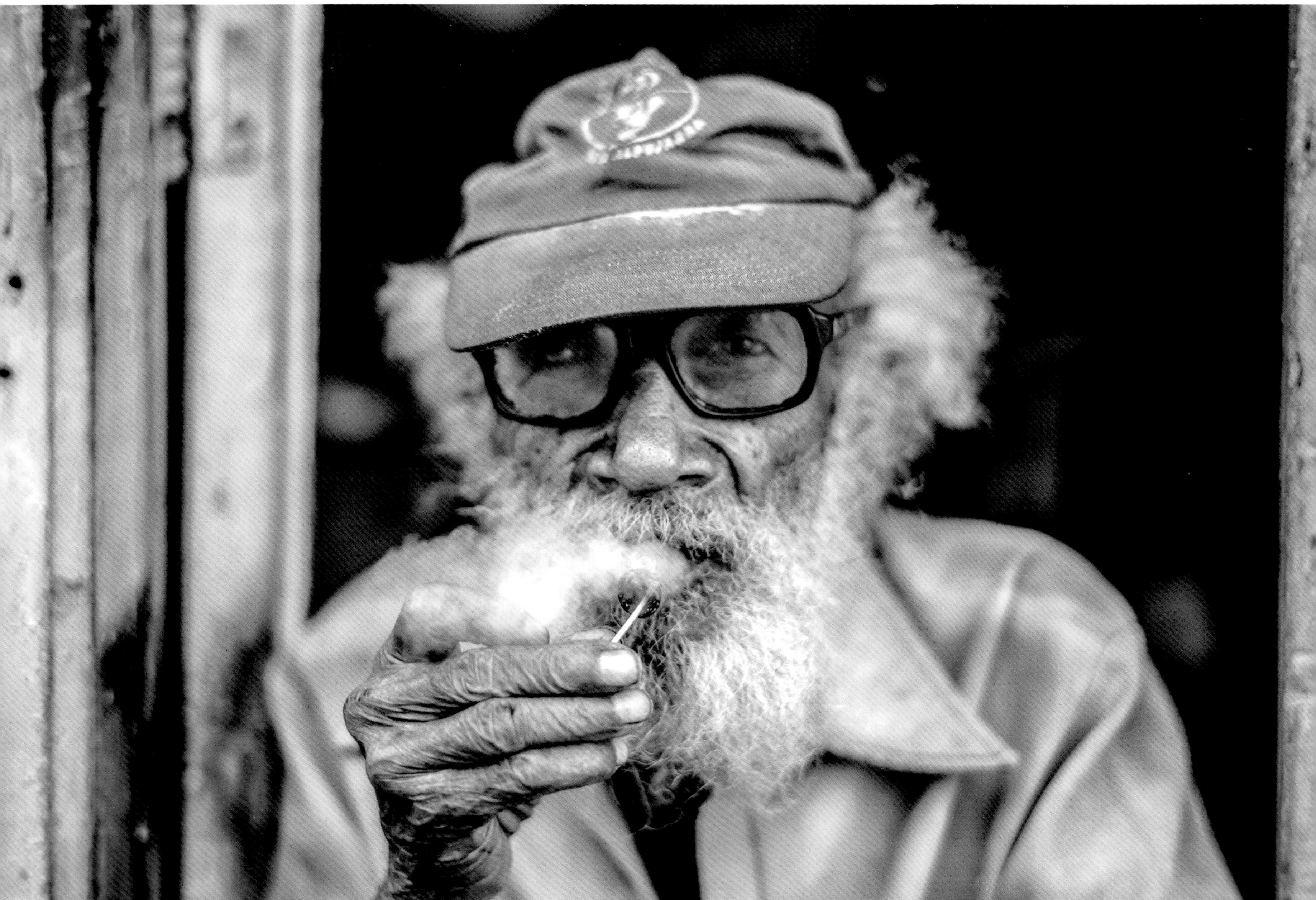

DIE KUBANER

Die Wahrheit ist: Kuba sieht aus der Ferne am besten aus – ein Bild randvoll mit Autos aus den 50ern, ewig langen Zigarren und funky »Buena Vista«-Bars, wo der Mambo spielt, solange der Rum fließt. Aber sobald du nah heranzoomst und Macken, Flecken, Rost und die verrotteten Details ins Blickfeld rücken, wird offenbar, dass die Stoßstangen an dem coolen 1957er Chevrolet Bel Air bis unter die hochpolierte Oberfläche durchgerostet sind, dass die zigarrenkauende Dame nur deshalb posiert, weil ein Dollarschein winkt, und dass »Guantanamera«, Alberto Kordas engelhafter »Che« und andere billige Symbole kubanischer Authentizität die Straßenecken und Parkbänke von Pinar del Río bis Baracoa infiziert haben. Die Sache mit Kuba ist, dass es sich immer und immer wieder anbietet: Szene um Szene, jederzeit bereit, sich zu verkleiden, um sich zu verkaufen, wie man es von Kuba erwartet.

Es braucht jemanden mit einem scharfen Blick und einem großen, offenen Herzen wie dem von Figueredo, um Kuba ganz nahe zu kommen und das sichtbar zu machen, was selten gesehen wird: Scham und Stolz in gleichem Maße sowie diese ungebremste Freude eines Volkes, das so viel Unerfreuliches erlebt

hat – und immer noch erlebt. Vielleicht ist am erstaunlichsten, wie es Figueredo mit einem freundlichen Handschlag und seiner vertrauten Leica gelingt, eben das einzufangen, was am flüchtigsten ist – das, was eigentlich nicht da ist, nämlich die Leere eines in der Öffentlichkeit gelebten Lebens. Ein leerer Raum, der jedoch ausgefüllt wird mit allem, was nicht zu sehen ist, mit allem, was fehlt. In vielen dieser bemerkenswerten Bilder stehen die Männer ohne Hemd da, die Frauen zeigen sich ohne jegliche Scham und die Zimmer sind so nackt und kahl wie die Regale in der Bodega lange vor Monatsende. In diesen Fotos der Abwesenheit ist der Rahmen mit Mitgefühl und Verständnis gefüllt, als wäre dieses Nichts etwas elementar Bedeutendes, wesentlich und existenziell wichtig.

Die Kubaner nennen es »Cubanidad«. Diese verrückte Idee, dass ihre Insel nicht nur »die Perle der Karibik« ist, wie sie seit Jahren genannt wird, sondern auch die physische und spirituelle Verkörperung des wahren Paradieses auf Erden. Sie sind das auserwählte Volk, auserwählt von sich selbst. Schauen Sie genau auf Figueredos Bild von Lazaro, wie er einen fast leeren Raum

bewacht, umgeben von abblätternder Farbe und den verlorenen
Ansprüchen, die Kuba im letzten Jahrhundert geprägt haben.
Er denkt nicht daran, sich zu entschuldigen oder überhaupt
anzuerkennen, dass es einfach verrückt ist, eine fast wertlose
Sammlung weiterhin zu beschützen, nur weil es ihm damals
nach der Revolution so befohlen wurde. Das ist Cubanidad. Man
kann den Blick nicht abwenden von der jungen Mutter, die kein
Quäntchen Scham zeigt, wenn sie ihr Kind öffentlich stillt, so
majestätisch und stolz wie eine Königin am Hof, unerschütter-
lich überzeugt von ihren weiblichen Kräften und dem glühenden
Hochmut des kubanischen Daseins. Cubanidad eben.

Was Figueredo hier gelingt, ist tief in die Seele von Kuba
einzutauchen, um ihre Essenz, ihre Cubanidad herauszuarbeiten
und auch für all jene sichtbar zu machen, die schon immer ihr
klar definiertes Bild von Kuba pflegten: mit den wirbelnden Hüf-
ten von langbeinigen Tropicana-Mädchen, pulsbeschleunigen-
den Bildern alter Autos, kräuselndem Rauch von Luxus-Zigarren
und – vielleicht mehr als alles andere – dem prophetenhaften
Antlitz von Fidel. 2016, als Castro starb, malten sich Schulkinder
»ich bin Fidel« auf die Stirn und salutierten am Wegrand, als
sich der Leichenzug von Havanna zu seiner letzten Ruhestätte in
Santiago schlängelte. Diese Kinder sind aber nicht Fidel. Und Fidel war nicht – ist nicht – Kuba. In all den Bildern dieses Buchs
kommt Fidel nur ein einziges Mal vor: von der Wand in Delfinas
trostloser Wohnung herabstarrend, mitten in den Ruinen von
Havannas altem Barrio Chino, dem »Chinatown« der Hauptstadt.

Nein, hier in der Welt von Figueredo ist Fidel verschwunden,
und sein Abbild in den Seelen der Kubaner verblasst ziemlich
rasch. Jene, für die ein Leben ohne ihn früher unvorstellbar war,
werfen sich heute ins Leben, ohne einen einzigen Gedanken an
ihn zu vergeuden. Schauen Sie Carlos und Lourdes an, deren

Ehe 48 der 60 Revolutionsjahre überdauert hat, gestützt auf
Versprechungen und erdrückt von Entbehrungen. Ihre Liebe hält
aber Stand und ihre Verbundenheit leuchtet so hell wie eh und
je. Sie warten in der örtlichen Bodega unter einer Tafel, die die
Realität ihres schmalen Lebensrahmens aufzeigt. Sie kaufen Reis
für ein paar Cent pro Pfund und die unabdingbaren schwarzen
Bohnen für das Doppelte. Aber sie dürfen nur so viel kaufen, wie
ihnen die Regierung jeden Monat zuteilt, und das auch nur, bis
die Regale leer sind. Carlos und Lourdes – was sie alles gesehen,
geträumt und vor allem verloren haben.

Diese Bilder zeigen uns ein Kuba, das der Welt sonst ver-
borgen bleibt. Dies ist nicht das Land der Varadero-Touristen
oder des restaurierten Habana Vieja mit seinen Hotelzimmern
für 700 Dollar die Nacht. Es gibt keine falsche Pietät in Figueredos Blick auf Kuba, wenn er durch die Straßen von Alt-Havanna
streift oder die Reste des kolonialen Bayamo erforscht, 750
halsbrecherische Kilometer von der Hauptstadt entfernt. Er ver-
bringt seine Zeit damit, an Türen zu klopfen, über Terrassen zu
schleichen, auf klapprige Treppen zu steigen oder stundenlang
auf das richtige Licht oder die schönste Sonne – oder einfach
auf die perfekte Fügung von Mensch, Ort und Idee – zu warten.
Er ist kein Spanner in einem gescheiterten Staat, der in seiner
Tarnweste flaniert und fotografiert, ohne um Erlaubnis zu bitten.
Um diese Bilder festzuhalten, geht er direkt auf die Menschen
zu, erklärt seine Mission und drückt nur auf den Auslöser, wenn
ihm ihre Zustimmung sicher ist. Die Kubaner, die er fotografiert,
öffnen sich vor seiner Kamera und halten sich nicht zurück.
Durch sein Objektiv zeigen sie sich dem Betrachter dieser Bilder
ebenso offen wie unverstellt.

Die Kubaner leben genau so, wie Figueredo sie vorfindet.
Sie beharren trotzig auf ihrem Optimismus, während sie sich

durch die Plackerei einer teils sinnlos erscheinenden Existenz kämpfen. Der Fotograf versucht nicht, die Verlogenheit und den Irrsinn des kubanischen Alltags mit Filtern oder künstlerischen Blickwinkeln zu verschleiern. Die Wertlosigkeit des Zimmers, das Lazaro endlos hütet, ist unübersehbar, genauso wie das brutale Schicksal von Miguels Vater, der 20 Jahre hinter Gitter musste, weil er eine Kuh gestohlen und das Fleisch an seine hungernden Nachbarn verkauft hatte. Wenn er einen Menschen umgebracht hätte, wäre seine Strafe milder ausgefallen! Woanders werden Tage, Wochen, Monate oder auch Jahre verschwendet beim Versuch, eine zerbröckelnde Wohnung vor dem kompletten Verfall zu bewahren oder einen verendenden Chevy wieder zum Laufen zu bringen. Dies ist der Stoff der kubanischen Träume, das sterbende Beiwerk kubanischer Realität.

Dieses Kuba, Figueredos Kuba, ist so persönlich wie das Spiegelbild einer alten Frau, so poetisch wie die Kälte in Angels mahnenden Augen, so grausam und gleichzeitig hypnotisierend wie ein Hahnenkampf und so befreiend wie die fünfminütige Fahrt in der Fähre nach Regla – ein Ausflug, der bei Kubanern zumeist ein euphorisches Gefühl des Entrinnens auslöst, auch wenn sich dies eigentlich immer als Fata Morgana entpuppt. Dieses kubanische Leben ist grob geschliffen, ungehobelt und frei von regierungstreuem Spektakel. Hier werden nicht die heldenhaften Reden der Gebrüder Castro am Plaza de la Revolución am Maifeiertag geehrt, sondern der 81-jährige Veteran Alejandro, wie er seine Orden und Abzeichen für Dienste an der Revolution entstaubt und an seine Brust hängt – so stolz auf seine Vergangenheit wie unsicher bezüglich seiner Zukunft.

Das, was Figueredo in Kuba findet und was seine Leserinnen und Leser in diesem Buch entdecken werden, ist weit entfernt vom Kuba-Bild, das vorherrscht, seit Fidel und seine bärtigen Rebellen im Jahr 1959 nach Havanna marschiert sind. Man begegnet einer revolutionären Gesellschaft, in der nicht jeder freiwillig Sozialist ist, nicht bereit, »patria o muerte« zu geloben. Andererseits sind auch nicht alle voller Zorn und verschwören sich nicht gegen das System mit immer neuen Plänen für die Konterrevolution. Es gibt Gewinner und Verlierer, treue Parteimitglieder und hingebungsvolle Patrioten. Figueredos Kamera hält zentrale Momente der einfachen Menschen fest – Kubaner, die jeden Tag Hoffnung horten und Verzweiflung verbannen. Er findet diejenigen, die sich nicht dem Dogma und der Ideologie ergeben, die um ihre Würde kämpfen und eine Chance suchen, ihren Nachbarn zu helfen. Er wirft ein Schlaglicht auf Menschen, die, statt zu fliehen, geblieben sind, um weiterzukämpfen, um weiter zu warten, um den Glauben hochzuhalten, um sich an die Ungerechtigkeit anzupassen, ohne Änderungen zu verlangen. Menschen, die zufrieden sind, wenn sie mal wieder eine gute Mahlzeit für ihre geliebten Kinder und ihre verehrten Alten zusammengekratzt haben. Die Städte, die sie bewohnen, sind ein Sammelsurium grandioser Ruinen. Ihre Leben sind Ansammlungen von Enttäuschungen und privaten Glücksmomenten. Und ihre Seelen sind geprüft, wie wenige andere je geprüft wurden. »Vaterland« ist für sie kein bestimmter Ort in der Welt, sondern ein bisher nicht realisiertes Wunschbild, auf das – sichtbar in ihren Augen und erklärt durch ihre Herzlichkeit – sie auch nach über 60 Jahren noch weiter zu warten bereit sind.

Das sind die Kubaner: Los Cubanos.

Anthony DePalma
NY Times Reporter
Autor von »The Cubans: Ordinary Lives in Extraordinary Times«

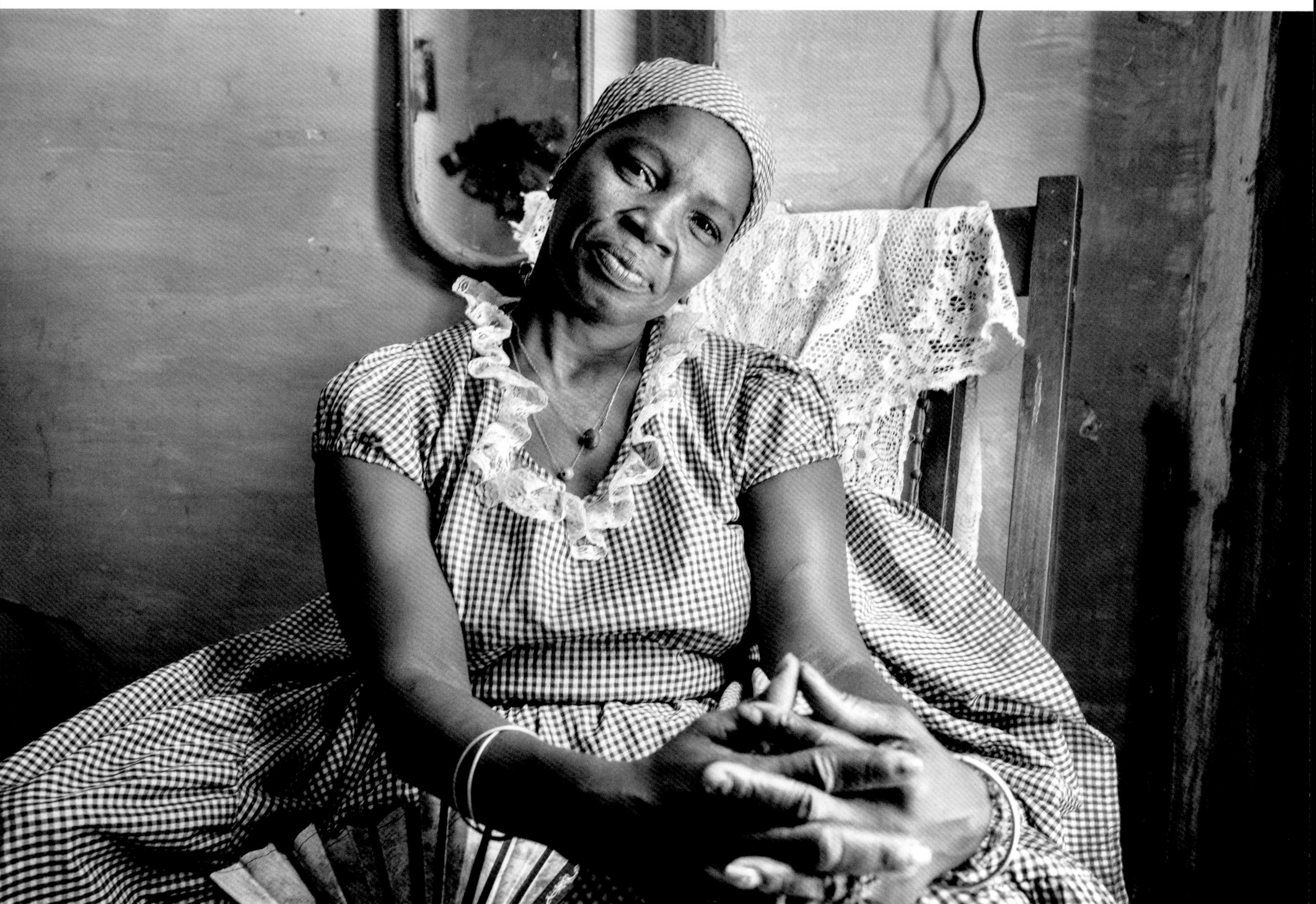

THE CUBANS

Truth is, Cuba looks best from afar. That's when the frame fills with fifties cars, mile-long cigars and funky Buena Vista bars that keep mambos going for as long as the rum is flowing. But blow it up, pull in real tight, and blackheads and blemishes and rust and shit splatter all over the lens and it's easy to see that the fenders on that so-cool '57 Bel Air are rusted right through the candy apple shine, the old lady chewing the fat cigar wouldn't pose until someone waved a dollar at her, and Guantanamera, Korda's angelic Che and other cheap measures of Cuban authenticity have infected street corners and park benches from Pinar del Rio to Baracoa. The thing about Cuba is that it offers and offers, scene after scene, always willing to put on whatever costume you expect to see.

It takes someone with a tight eye, and a big, open heart like Figueredo to get up in Cuba's face and see what is almost never seen—the shame and the pride in equal measure, the relentless joy of a people with so much not to be happy about. And perhaps most amazingly, with his welcoming handshake and his trusted Leica, he has managed to capture what may be most elusive for a photographer—that which is not there. The voids of lives lived out in the open. The empty spaces still occupied by what is missing. In many of his remarkable photographs, the men are shirtless, the women are shameless, the rooms bare as a bodega's bins at month's end. In his photographs of absence, the emptiness fills the frame with insight and compassion, as if nothingness were somethingness, something integral and important.

Cubanidad is what the Cubans themselves call it, this madness of perceiving their island as not just the »Pearl of the Caribbean« as it's been known for centuries but the physical and spiritual embodiment of paradise on earth. They are the chosen people, chosen by themselves. Look closely at Figueredo's photo of Lazaro guarding an almost empty room, surrounded by peeling paint and the fleeting aspirations of Cuba's long century. He shows not the least inclination to apologize for or even acknowledge the lunacy of protecting a worthless collection for no reason other than that he was ordered to do so. That's Cubanidad. Try to turn your gaze from the young mother who showed not a drop of embarrassment or hesitation as she breast fed her infant in open air as regally as if she were a queen receiving her subjects, supremely confident in her womanly powers, and the torrid haughtiness of being Cuban. Cubanidad.

What Figueredo has done here is to burrow into the soul of Cuba and drag out its essence, its Cubanidad, for all to see. The world over has its well-defined image of a Cuba filled with the whirling hips of long-limbed Tropicana girls, the heart-quickening portraits of old cars, the smokey curls of luxury cigars and, more than anything else, the prophet-like visage of Fidel. When he died in 2016, schoolchildren with »I Am Fidel« painted across their foreheads saluted his cortege as it snaked across the island from Havana to his final resting place in Santiago. But they are not Fidel. And Fidel was not, is not, Cuba. In all the photographs presented here, Fidel makes only one appearance, staring out from the wall of Delfina's dismal home in the remains of Havana's old Chinatown.

No, here in Figueredo's world, Fidel is not Cuba. He is gone, and his hold on the souls of Cubans is fading fast. Those who once could not conceive of life without him, now dive into life without ever thinking about him. Look at Carlos and Lourdes, whose marriage has lasted for 48 of the revolution's 60 years, bolstered by promises and pummeled by deprivation. Yet their love endures, and the bond between them shines as brightly as ever. Look at them in their local bodega, waiting beneath a blackboard that outlines the reality that shackles their lives. They buy their rice for pennies a pound, and their indispensable black beans at twice

that. But they are allowed to buy only as much as the government allots them, and only before the bodega's bins are empty. Carlos and Lourdes. What they've seen. What they've dreamed. What they've lost.

In these pages is a Cuba the world doesn't know. It is not the Cuba of the Varadero tourists, nor of the restored Habana Vieja that caters to 700 dollars a night hotel guests. There's no phony reverence in the Cuba that Figueredo sees as he prowls the crippled streets of old Havana, or when he explores the colonial remains of Bayamo, some 750 grueling, bone-shattering kilometers away. He spends most of his time knocking on doorways, creeping into patios, climbing rickety stairs, waiting hours for the right light or the best sun or sometimes just the perfect concurrence of people and place and idea. He is not a Banana Republic voyeur, traipsing around in a khaki vest taking candid shots without permission. To get his photos he goes right up to his subject, explains his mission, and starts to click only after permission is granted. The Cubans he photographs open themselves up fully to his lens, holding back nothing. And through his lens, they reveal themselves just as intimately to those who view his photographs.

The Cubans come alive just as he finds them, stockpiling optimism while shuffling through the drudgery of an existence that sometimes makes no sense. He doesn't try to mask the hypocrisy and sheer madness of Cubans' lives with filters or artsy angles. The worthlessness of the room Lazaro endlessly guards is unmistakable, as is the insanity of what happened to Miguel's father, imprisoned for twelve years for the crime of stealing a cow and selling the beef to starving neighbors. Understand that if it had been a man he'd killed, his punishment would not have been so severe. On another street, days, weeks, months, years are wasted scrambling to keep an apartment from crumbling to dust or coaxing a dying Chevy to come alive. This is the stuff of Cuban dreams, the roadkill of Cuban reality.

This Cuba, Figueredo's Cuba, is as personal as the reflection of an old woman in a window, poetic as the ice in Angel's incriminating eyes, as cruel and yet mesmerizing as a bloody cockfight, and as self-liberating as a five-minute float across Havana Harbor in the ironclad lanchita of Regla, a trip that invariably evokes a euphoria of escape, though it always turns out to be just a mirage. This Cuban life is rough cut, plenty raw and devoid of prescribed government spectacle. Here, it is not the grand speeches of the Castro Brothers in the historic Plaza of the Revolution on May Day that are celebrated, but rather it's 81-year old Alejandro as he brushes off the medals of his service to the revolution and pins them to his chest, as proud of his past as he is uncertain about his tomorrow.

What Figueredo found in Cuba, and what viewers find in this book, is a far cry from the enduring depiction of Cuba that has survived since Fidel and his bearded rebels paraded into Havana in 1959. This is a revolutionary society where not everyone is a willing socialist, ready to embrace »Patria o Muerte« as their pledge of allegiance. Nor is everyone here overflowing with anger, ever conspiring against the socialist system, plotting counter-revolution and coup. There are winners and there are losers. Loyal party members and devoted patriots. His camera captures essential moments of the ordinary Cubans who struggle to survive each new day, stockpiling hope while warding off despair. He finds the ones who refuse to surrender to dogma or ideology; the ones who fight for their own dignity and a chance to help a neighbor. He spotlights the ones who never fled but stayed, to struggle on, to wait longer, to hold hope dearer, to adapt to the injustices without demanding change, content if they've simply managed to scrounge together decent meals for their beloved children and the elders they revere. The cities they live in are a collection of splendid ruins, their lives constellations of disappointments and personal delights, their souls tested as few others have ever been tested. Fatherland for them is not geography but an as-yet-unrealized ideal, one that, they say with their eyes and explain with their hearts, they are willing to wait for.

They are the Cubans.

Anthony DePalma
NY Times Reporter
Author of »The Cubans: Ordinary Lives in Extraordinary Times«

AUF DER SUCHE NACH DER SEELE KUBAS

Ich kannte Kuba schon seit einigen Jahren, und im Februar 2014 bin ich dann ohne ein Rückflugticket nach Havanna geflogen. Es sollte eine lange Reise werden.

Kuba ist einer der verführerischsten, exotischsten und romantischsten Orte, die ein Fotograf finden kann. Glücklich schätzen darf sich, wer vielleicht eine oder zwei Wochen ausschließlich in Havanna verbringen kann. Andere unternehmen dann auch noch einen Tagesausflug zu den Tabakbauern ins Valle de Viñales oder eine Rundreise bis tief in den Osten der Insel, um Santiago de Cuba zu besuchen.

Ich aber wollte eintauchen ins authentische Leben vor Ort, in den kubanischen Alltag. Ich wohnte in der Altstadt von Havanna und erkundete die Stadt mit meiner Kamera zu Fuß, und das jeden Tag, über Wochen und Monate. Die Klischees Kubas hatte ich schon vor Jahren fotografiert – nun suchte ich nach neuen Bildern, nach dem anderen, dem geheimnisvollen Kuba. Ich wollte die Seele Kubas entdecken.

Ohne Agenda, ohne Ziele erlebte ich jeden Tag. Ich wurde aufmerksamer, ich sah mehr und ich spürte mehr. Ich erlebte den Tag als eine Sequenz von Geschichten, die sich vor meinen Augen entwickelten. Kleine unbedeutende Geschichten, Alltagsszenen, stille, poetische genauso wie unerwartete, schräge und schrille Momente.

Oft sind es kurze, spannende Augenblicke, die sich plötzlich vor einem auftun. Nichts ist geplant, es passiert einfach. Eine Geschichte beginnt unangekündigt und man weiß nicht, wie sie weitergeht, wie sie endet. Alles bleibt der Fantasie des Betrachters überlassen.

»Los Cubanos« ist eine Aneinanderreihung solcher Geschichten. Es sind Augenblicke, Bilder, mit denen ich im Bruchteil einer Sekunde eine Geschichte eingefroren habe, die ich mit diesem Buch wieder zum Leben erwecken möchte. Es sind aber auch Wegpunkte meiner Reise in die Seele Kubas. Ich möchte Sie einladen, mich auf diesem Weg ein Stück zu begleiten.

Volker Figueredo Véliz

SEARCHING FOR CUBA'S SOUL

I'd already been to Cuba as a tourist a couple of times before when, in February 2014, I flew to Havana on a one-way ticket. It ended up being a long trip.

Cuba is one of the most enticing, exotic, and romantic places a photographer could hope to find. The lucky ones might spend a week or two just in Havana, while others go on day trips to the tobacco farms in the Valle de Viñales or take a tour to the eastern tip of the island to visit Santiago de Cuba.

My goal for this trip was to dive into the authentic, local routine of everyday life in Cuba. I stayed in Havana's old town and, every day for months, I explored the city on foot, always with my camera in hand. I had already photographed Cuba's clichés years ago, so this time I was on the lookout for fresh images of a different, more enigmatic Cuba. In short, I was searching for Cuba's soul.

I took each day as it came and I had no set plans. Over time, I became more alert, seeing and feeling more of what was going on around me. Each day revealed a series of stories that unfolded before my eyes. I began to notice subtle, trivial events, common everyday scenes, and quiet, poetic moments alongside unexpected, quirky, and sometimes crazy episodes.

Exciting scenes will often emerge in an instant. Nothing is planned and they simply happen. A story is presented to you unannounced and you never know what will happen next or how things will pan out. It's up to the photographer to capture the critical moments and to allow the viewer's imagination to fill in the gaps.

»Los Cubanos« is a medley of stories that my camera froze in time in a fraction of a second, and that have come back to life in this book. These images are waypoints from my journey into the soul of Cuba and I invite you to join me along the way.

Volker Figueredo Véliz

DER VERGESSENE WACHMANN
THE FORGOTTEN SECURITY GUARD

Das Foto wurde 2015 aufgenommen, führt uns aber zurück ins Jahr 1959, das Jahr der Revolution. Nach dem Sturz des Diktators Fulgencio Batista durch Fidel Castros Revolutionstruppen bekam jeder seine Aufgabe zum Schutz der Revolution zugeteilt. Auf dem Bild ist Lazaro zu sehen, der hier, zusammen mit anderen uniformierten Kollegen, diesen Raum im Dreischichtbetrieb bewachen soll.

Das zu schützende Objekt besteht aus dem, was hier zu sehen ist: ein Bild von dem Revolutionär und Frauenliebling Camilo Cienfuegos an der Wand, darunter Putzutensilien, ein Ventilator, den es mit Sicherheit schon vor Batistas Zeiten gab, ein Schreibtisch, diverse Hocker und zwei Stühle, die mit Duct Tape zusammengehalten werden. Hier gibt es sonst nichts, was zu bewachen wäre. Ich habe es mehrmals in den vergangenen Jahren überprüft.

I captured this image in 2015, although it actually takes us all the way back to 1959, the year of the Cuban Revolution. After the dictator Fulgencio Batista was toppled by Fidel Castro's insurgent movement, everyone was assigned a role in protecting the fruits of the revolution. This image shows Lazaro who, along with two of his uniformed compatriots, take shifts to guard this room.

What they guard is what you can see: a picture of Camilo Cienfuegos (a key revolutionary and lady's man), some cleaning utensils, a fan that is old enough to predate Batista, a desk, various stools, and two chairs that are held together with duct tape. There is nothing else to guard—believe me, I have checked several times over the years.

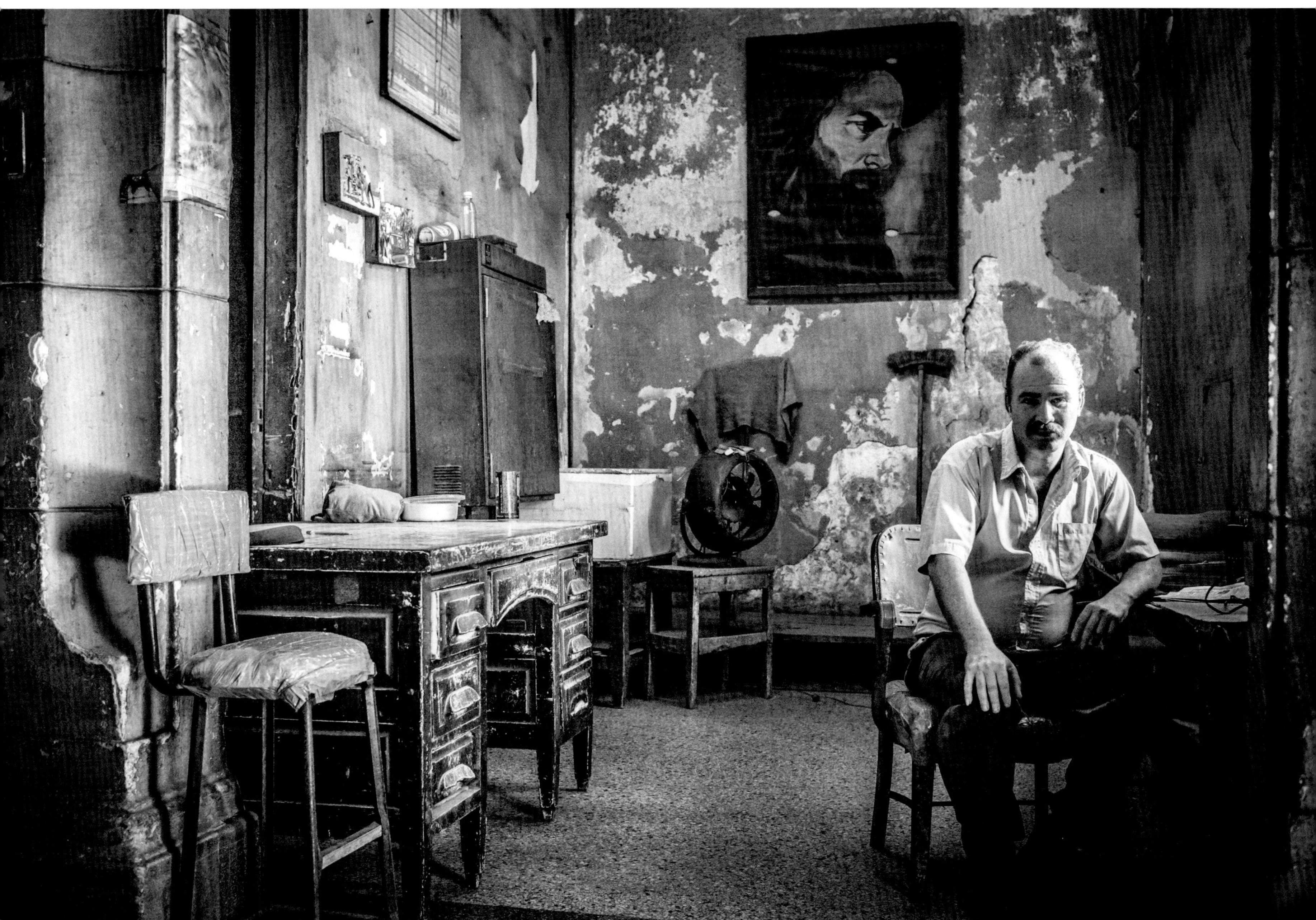

WÄHRUNGSREFORM
CURRENCY REFORM

Zum Jahreswechsel 2021 wurde in Kuba die lange erwartete Währungsreform eingeführt. Statt wie früher zwei Währungen, gibt es ab sofort nur noch den Peso Cubano. Gleichzeitig gab es dramatische Preiserhöhungen für Strom und Grundnahrungsmittel, und es wird noch einige Zeit dauern, bis über Angebot und Nachfrage das Preisgefüge sich wieder stabilisiert hat.

Die Menschen müssen oftmals stundenlang Schlange stehen. Das Brot ist knapp, weil es an Mehl mangelt. Äpfel sind Luxusgüter, die, wenn überhaupt, vielleicht einmal im Jahr zu Weihnachten zu haben sind. Die ohnehin schlechte wirtschaftliche Situation hat sich weiter verschärft, da coronabedingt nun kaum noch Touristen ins Land kommen.

Taimy in Alt Havanna macht sich Gedanken, wie sie das monatliche Einkommen von etwa 30 USD am besten einteilt, um über die Runden zu kommen. Denn die »libretta«, das Bezugsheft für kostenlose Lebensmittel, ist am Zehnten des Monats meistens schon aufgebraucht.

Cuba's eagerly awaited currency reform was introduced on January 1, 2021 and, instead of two parallel currencies, Cubans now have just the peso Cubano. Prices for electricity and food increased dramatically with the change. It will take some time for supply and demand to even out, and prices will become a little more stable.

People often have to stand in line for hours and bread is scarce because there is a shortage of flour. Apples are a luxury that is only available around Christmastime, if at all. The economic situation was already precarious but the Covid-19 pandemic has made things even worse, with virtually no tourists visiting the country since the pandemic began.

Taimy lives in Habana vieja and is constantly trying to figure out how to make ends meet with her monthly income of around 30 USD. Her libreta rationing coupons that allow her to buy state-subsidized food are usually all used up by the 10th of each month.

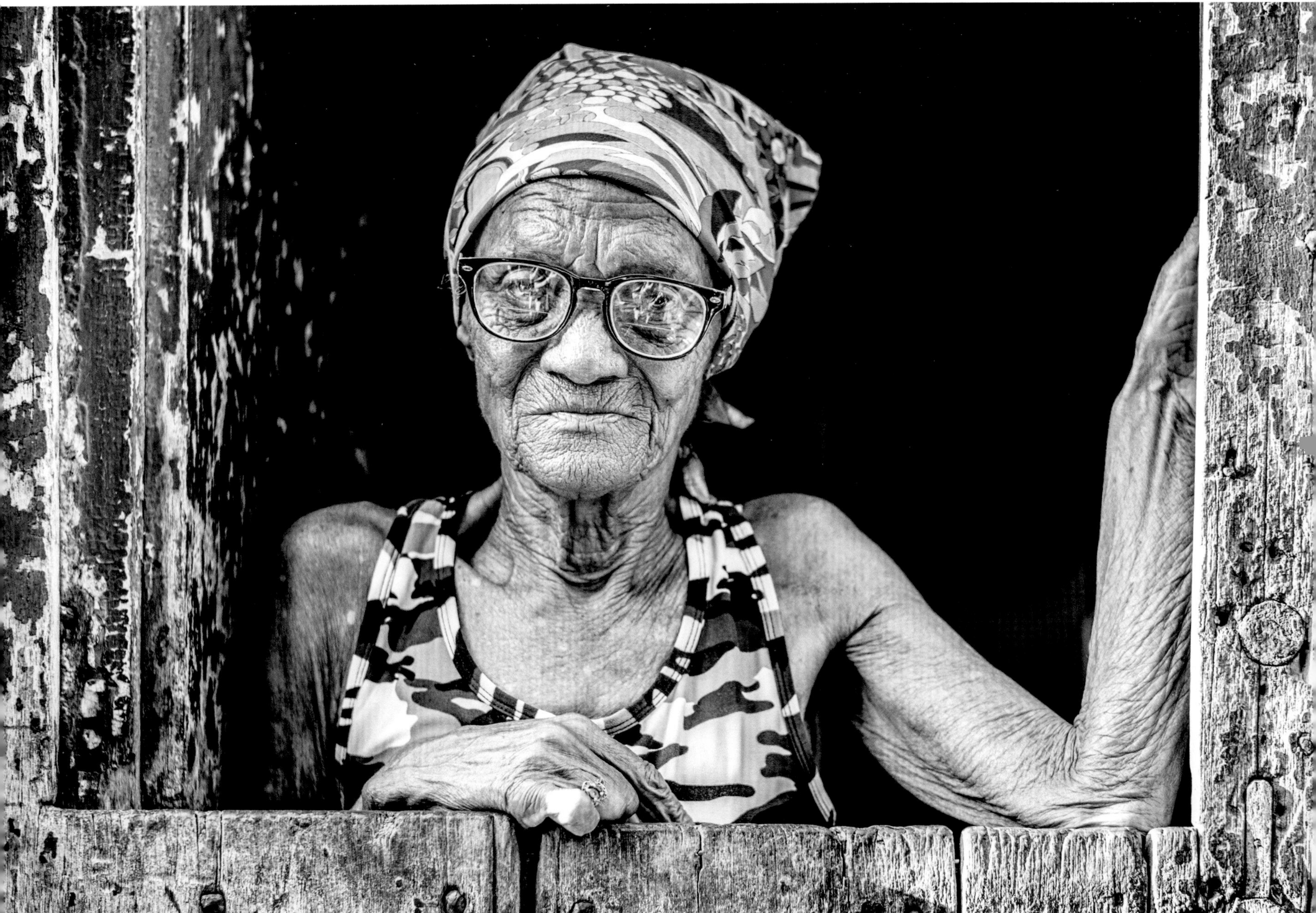

GEHEIMNIS IMMERWÄHRENDER LIEBE
THE SECRET OF EVERLASTING LOVE

Ich habe Carlos und seine Frau Lourdes in einer Bodega im Vibora Park außerhalb von Havanna getroffen. Kubaner können hier mit ihrer »libreta« für wenig Geld Zucker, Reis, Salz, schwarze Bohnen, Kaffee, Rum, Streichhölzer und andere Dinge bekommen, die für den Alltag notwendig sind. Die Tafel an der Wand zeigt die Preise in Pesos Cubanos und wann mit der Lieferung anderer Waren zu rechnen ist.

Wir unterhielten uns und ich kaufte uns dreien etwas Rum. Carlos (74) und Lourdes (69) sind seit mehr als 48 Jahren verheiratet, sagten sie mir. Sie haben zwei Kinder, einen Sohn und eine Tochter, die beide ebenfalls in Kuba leben. Nach einer Weile fragte ich sie, was das Geheimnis für eine so lange Ehe sei. Carlos antwortete, dass Lourdes eine wundervolle Frau sei, dass er sie über alles liebe und immer wieder heiraten würde – wenn er sich heute entscheiden müsste. Ich gratulierte den beiden und bevor ich ging, nahm Lourdes mich beiseite und flüsterte mir das wahre Geheimnis ihrer langen Liebe zu: »Er hatte während dieser Zeit drei Freundinnen«, sagte sie mit einem Augenzwinkern!

I met Carlos and his wife Lourdes at a bodega in Vibora Park outside Havana. Cubans come here to exchange their »libreta« rationing tokens and small sums of money for sugar, rice, salt, black beans, coffee, rum, matches, and other everyday supplies. The chalkboard on the wall shows the current subsidized prices in pesos Cubanos along with the expected delivery dates of other goods.

We chatted for a while and I bought some rum. Carlos is 74 and Lourdes is 69, and they told me they have been married for more than 48 years. They have a son and a daughter who also live in Cuba. I eventually asked them about the secret of their long, happy marriage. Carlos explained that Lourdes is a wonderful woman, that he loves her more than anything, and that he would marry her over again if she asked him. I congratulated them but, before I left, Lourdes took me aside, winked at me, and whispered that the true secret of their long-lasting love was that Carlos had three girlfriends over the years!

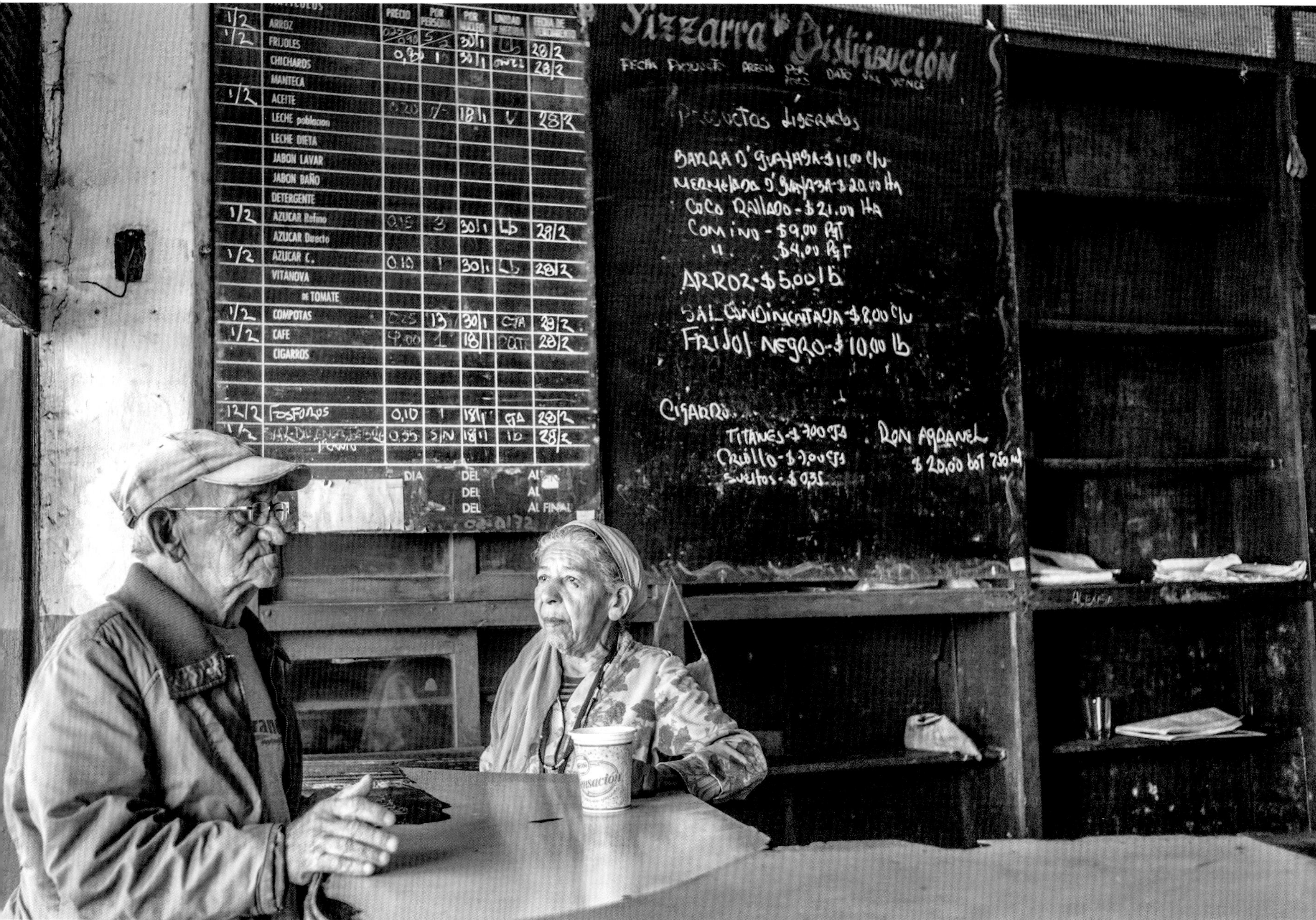
Pizzarra Distribución
Fecha Producto Precio por Dato Vto Vencida
Productos Liberados
BARRA D' GUAYABA - $11,00 C/u
MERMELADA D' GUAYABA - $20,00 Ha
COCO RALLADO - $21,00 Ha
COMINO - $9,00 PqT
H. - $4,00 PqT
ARROZ - $5,00 lb
SAL CONDIMENTADA - $8,00 C/u
FRIJOL NEGRO - $10,00 lb
Cigarro
TITANES - $7,00 CJa   RON AGRANEL
CRIOLLO - $7,00 CJa $ 20,00 bot 750 ml
SUELTOS - $ 0,35

LUIS, DER SCHWEISSER
LUIS, THE WELDER

Wenn man auf der Straße Animas in Richtung des großen Krankenhauses Hermanos Ameijeras läuft, fallen einem irgendwann unweigerlich die übereinander gestapelten Straßenkreuzer auf, die schon bessere Zeiten erlebt haben. Man könnte annehmen, man sei auf einem Autofriedhof angekommen, und die links und rechts der Straße abgestellten Karossen warten nur darauf, in den ewigen Autohimmel aufgenommen zu werden. Aber weit gefehlt! Dies ist nur der Vorhof, gewissermaßen das Fegefeuer, das es zuerst noch zu durchschreiten gilt.

Mein Freund Luis, von Beruf Schweißer, ist der Herr über die Blechberge. Er alleine entscheidet, welche Blechkarosse eine zweite, dritte oder gar vierte Chance bekommt, die Straßen von Havanna noch einmal unsicher zu machen. Luis arbeitet rund um die Uhr, Langeweile kennt er nicht. Luis ist kein reicher Mann, obwohl in seiner Branche nicht wie sonst der Staat, sondern Angebot und Nachfrage den Preis bestimmen. Angst vor Arbeitslosigkeit kennt Luis nicht. Höchstens, dass ein von ihm restaurierter Wagen mangels Liquidität des Besitzers nicht abgeholt wird. Aber dann verkauft er die Karosse halt an den Nächsten auf seiner Warteliste.

If you head along Animas Street from Galiano toward the big Hermanos Ameijeras hospital, you can't fail to notice heaps of old street cruisers that have seen better days. You may think you've found an automobile graveyard and the cars you see piled up left and right are simply waiting to be taken away to eternal car heaven. But you'd be wrong! This is actually the front yard, a kind of purgatory that these machines have to go through first.

My friend Luis is a welder and is the master of these mountains of metal. It is Luis who decides which of these vehicles get a second, third, or even a fourth chance to once again cruise the streets of Havana. He works around the clock, often seven days a week. The supply of old cars in Cuba is inexhaustible and there is no chance that Luis will ever get bored. He isn't rich, even though in his line of work prices are dictated by supply and demand rather than by the state. He has no reason to fear unemployment even if temporary insolvency means a customer can't pick up a car as planned. In such a case he will simply sell the car to the next person on his waiting list.

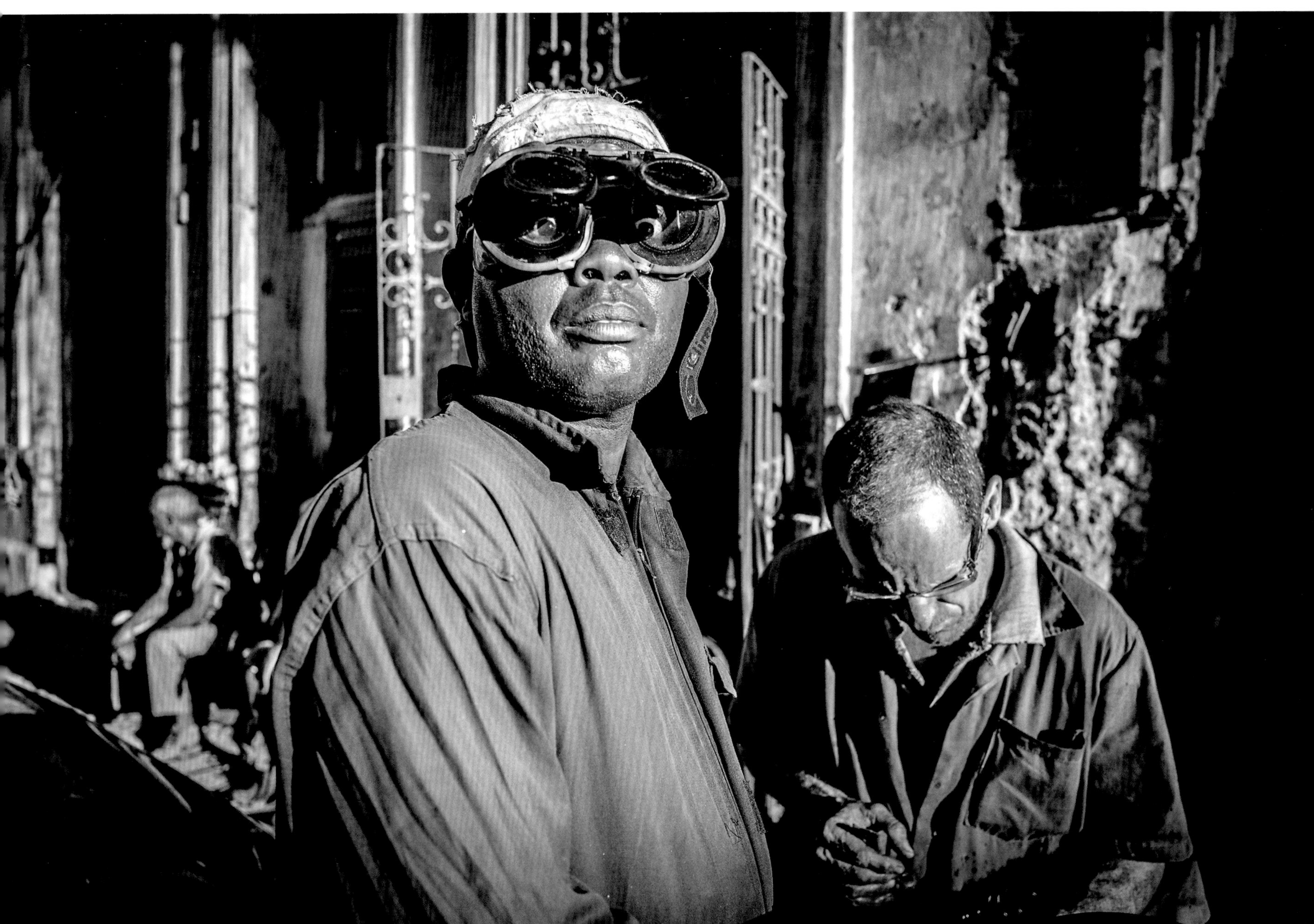

ANGEL'S EYES

Ich war vorher schon einmal hier. In Casablanca, auf der anderen Seite des Hafens von Havanna gelegen. Mit der kleinen Fähre dauert die Überfahrt vielleicht zehn Minuten. Auch heute ging ich durch die Straßen bis zu der Treppe, die hinauf zu dem Haus am Hang führt. Schon beim Aufstieg wusste ich, was mich auch heute wieder erwarten würde: dieser stechende Blick aus den Augen des Mannes hinter seiner Nähmaschine. Wie schon beim letzten Mal. Ich stieg die Stufen hinauf und ging auf das Fenster zu. Und wie erwartet saß er da, der Mann mit dem Namen »Angel«: Angel mit seinen stahlblauen Augen.

I'd been here before—in Casablanca, on the opposite side of the harbor from Havana. The trip across takes about ten minutes on the local ferry. On this particular trip, I walked through the streets to the steps that led up to the house on the hillside, and I knew what was waiting for me: that captivating look in the eyes of the man sitting at his sewing machine, just like last time. I climbed the steps, approached the window, and there he was—the man called »Angel«. An angel with steely blue eyes.

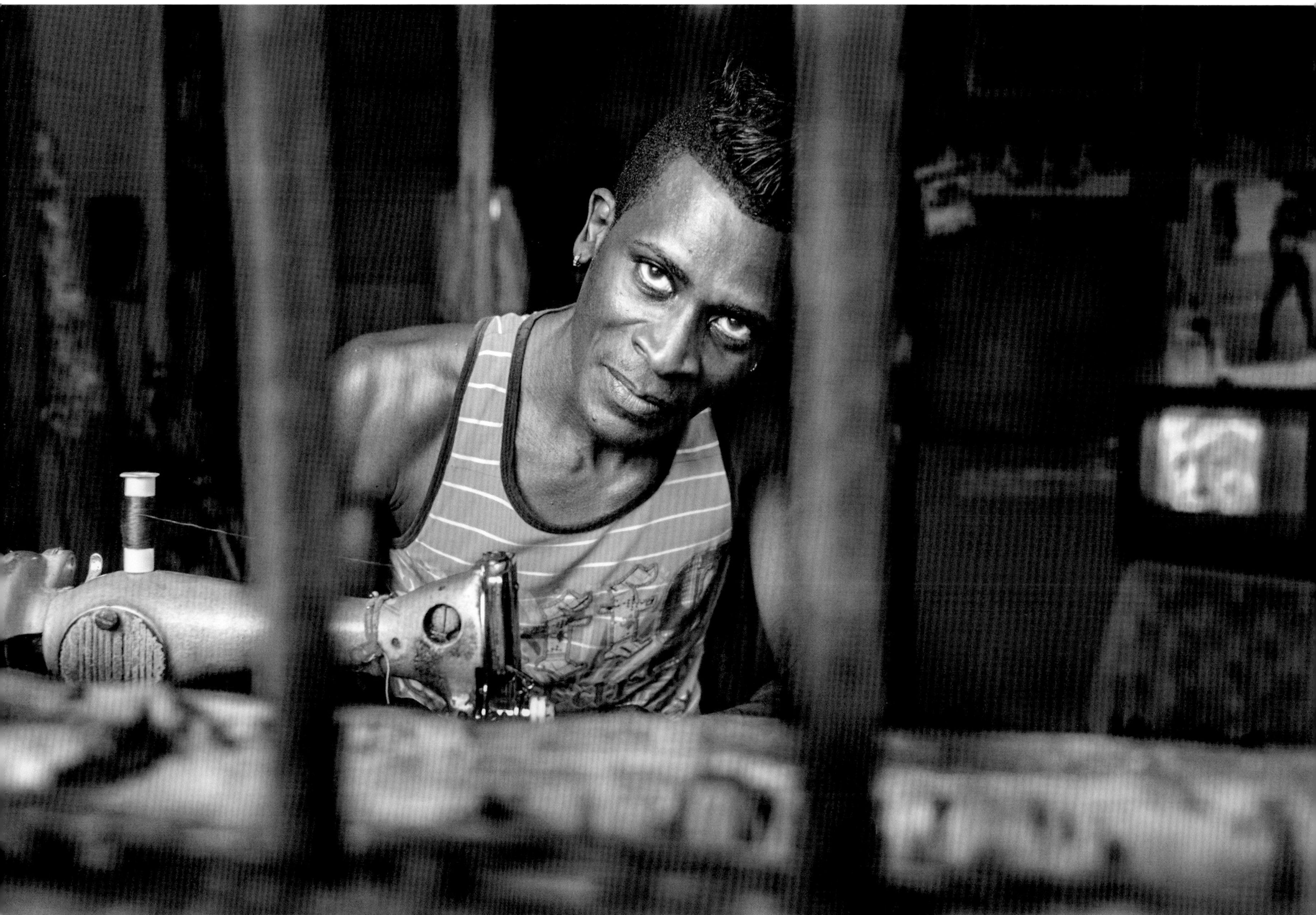

KUBANISCHE FRAUEN SIND LEGENDÄR
CUBAN WOMEN ARE FABULOUS

Sie sind eine wunderschöne Realität, die uns Tag für Tag umgibt. Ich würde die kubanischen Frauen als eine köstliche Mischung aus Selbstsicherheit und Sinnlichkeit definieren, aber sie besitzen auch eine zutiefst verantwortungsvolle und aufopfernde Seite. Manchmal erwecken sie den Eindruck, dass für sie nichts unmöglich ist. Es sind ihre Beharrlichkeit und ihr Optimismus, womit sie immer wieder ihr Ziel erreichen.

They are real and beautiful, and are part of our daily life. I think Cuban women are a delightful mixture of self-confidence and sensuality. They are also deeply unselfish and have a strong sense of responsibility. They often give you the impression that nothing is impossible, and time and again they get what they need thanks to their innate tenacity and optimism.

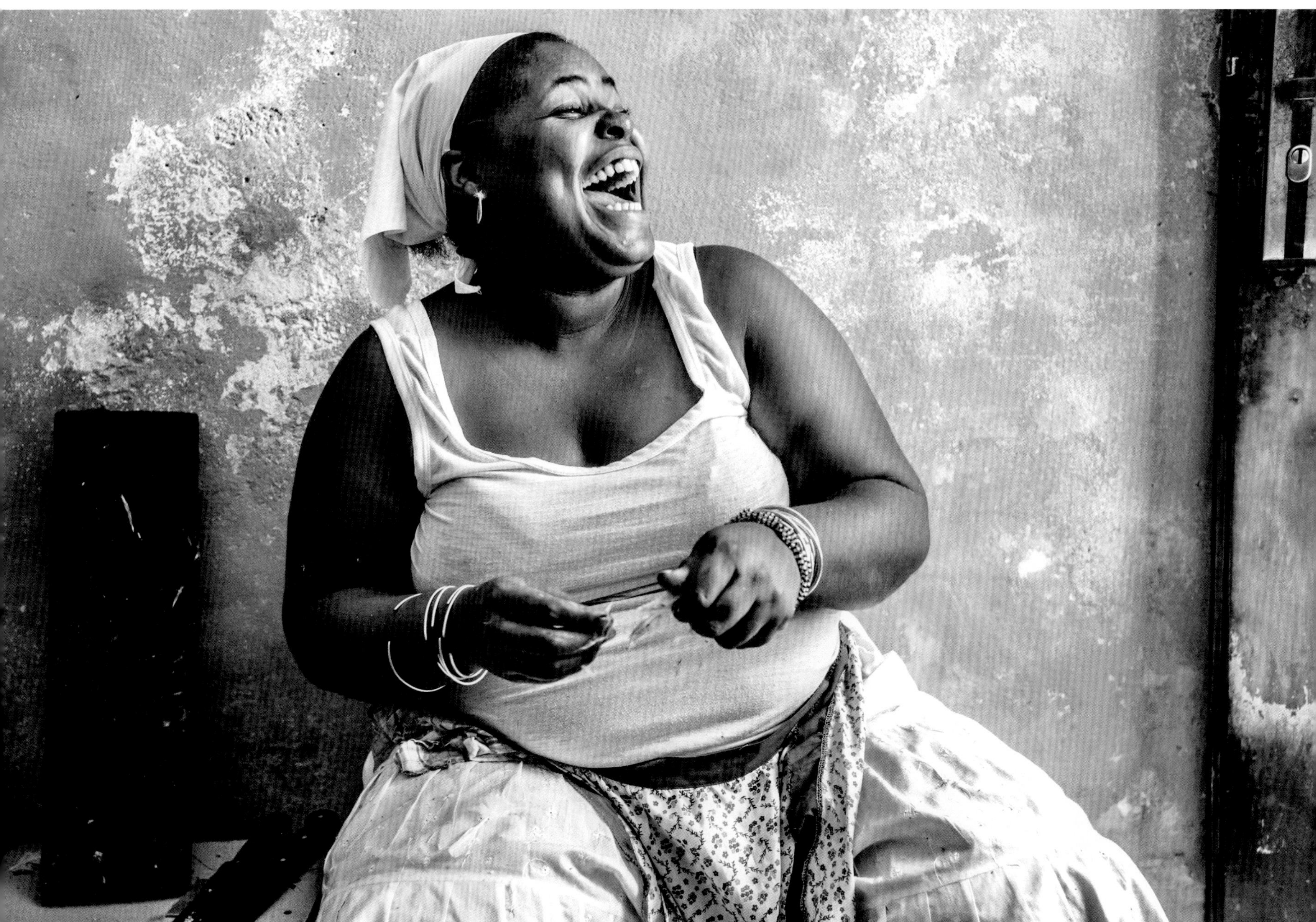

BESTE FREUNDINNEN
BEST FRIENDS

Nora und Yara sind Halbschwestern – dieselbe Mutter, jedoch von unterschiedlichen Vätern. Ihre Mutter war achtzehn, als sie sich in einen jungen Mann verliebte. Irgendwann passierte es, sie wurde schwanger und gebar Nora. Bald war die Beziehung mit dem jungen Mann zu Ende. Nach Hause konnte sie nun nicht mehr, und so suchte sie Unterschlupf bei einem anderen Mann, der die kleine Nora nicht haben wollte. Deshalb kam das Baby in die Obhut der Großmutter. Nach nicht einmal einem Jahr war Yara unterwegs und die Geschichte wiederholte sich. So kam das zweite Baby zur Oma, denn auch diese Beziehung war auf Sand gebaut. Schließlich fand sie einen Mann, mit dem sie zwei weitere Kinder bekam.

Nach ein paar Jahren kamen Nora und Yara zur Schule und mussten jeden Morgen am Haus der Mutter vorbei. Ängstlich schauten sie hinüber. Sie gingen Hand in Hand auf das Fenster zu und baten um etwas zu Essen oder ein paar Pesos. Und manchmal gab ihnen die Mutter mit bösen Blicken etwas Geld. Aus Sicht der Mutter hatten die beiden ungewollten Mädchen ihr Leben zerstört.

Nora and Yara are half sisters who have the same mother but different fathers. Their mother was eighteen when she first fell in love. It wasn't long before Nora was born, but the relationship ended around the same time. Nora's mother couldn't go home, so to avoid having to live on the street she began a relationship with another young man. He didn't want a baby around, so Nora ended up living with her grandmother, who brought her up from then on. Less than a year later, Yara was on the way and history repeated. This second relationship soured and Yara, too, ended up living with her grandmother while her mother looked for a new place to live. She ended up cohabiting with a new man who fathered two more of her children.

Years later, every day on their way to school, Nora and Yara passed the house where their mother's new family lived. They would approach the house, hand in hand, to beg for a few pesos or for something to eat. Sometimes—albeit reluctantly—their mother would push a little money their way. Their mother seems to think that her unwanted daughters have somehow ruined her life.

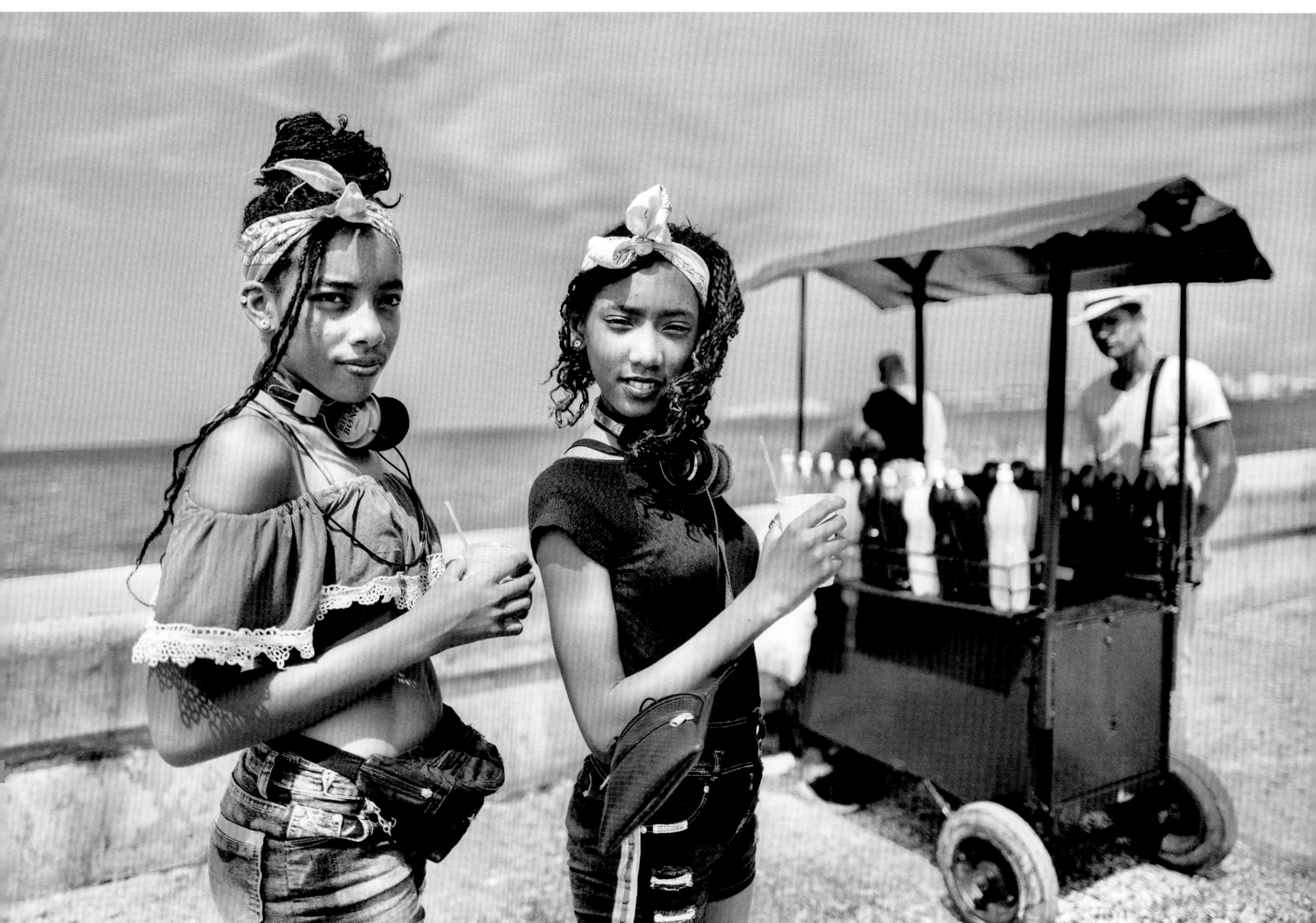

EINGEFROREN IN DER ZEIT
FROZEN IN TIME

Als wäre die Zeit stehen geblieben, ist man in Kuba auf jedes mögliche Transportmittel angewiesen. Im Hintergrund ein Pferdefuhrwerk, im Vordergrund steht mein Chevrolet Bel Air, Baujahr 1955. Aus der Ferne betrachtet ist es mit diesem Auto wie mit Kuba im Gesamten: es sieht zum Verlieben aus. Aber bei näherer Betrachtung muss man erkennen, dass es eine Rostlaube war, die ich mir zugelegt hatte. Der coole Bel Air ist bis unter die hochpolierte Oberfläche durchgerostet und das viele Geld nicht wert, das ich dafür bezahlt habe. Wie auch immer, er wurde zur Restauration ins 750 Kilometer entfernte Bayamo gebracht, weil dort die Mechaniker noch keine Halsabschneider sind wie in Havanna. Sobald die nämlich herausfinden, dass das Auto einem Fremden gehört, vervierfachen sich die Reparaturkosten.

As if time has simply stood still, Cubans still rely on every imaginable form of transport. Here you can see a horse cart in the background and my 1955 Chevrolet Bel Air in the foreground. Viewed from a distance, this car is like Cuba itself—you can't help but fall in love with it. However, if you look more closely, you can see that I had actually acquired a rust bucket. My cool-looking Chevy was rotten all the way through to its high-gloss bodywork and was simply not worth what I had paid for it, but I had little choice. I ended up taking the car 480 miles to Bayamo to have it restored by mechanics who are less inclined to rip you off than those in Havana, where prices quadruple the moment they find out a car belongs to a foreigner.

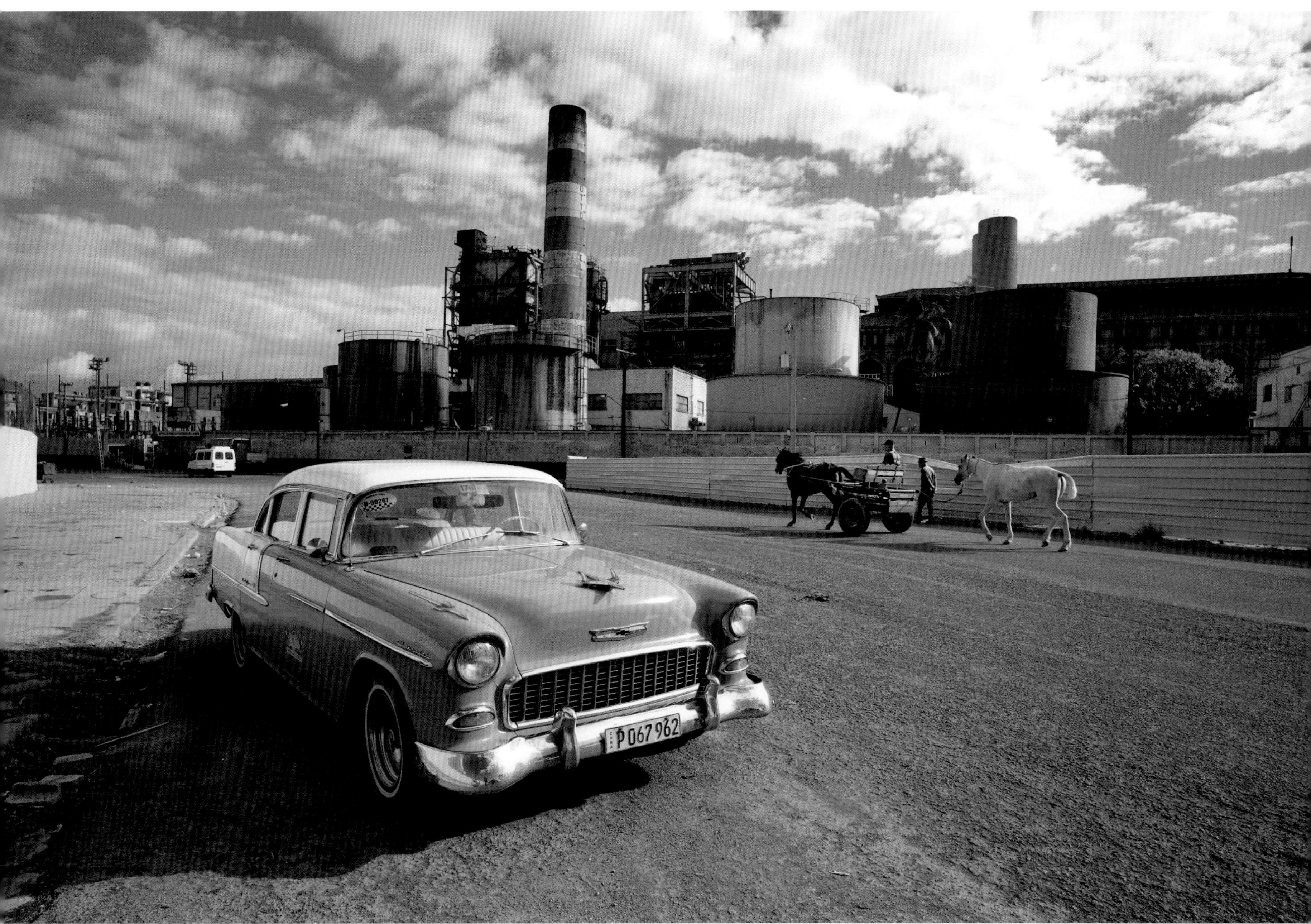

LEBEN IN EINEM SAMMELTAXI
LIFE IN A SHARED TAXI

Sind Sie schon einmal mit einer »maquina« gefahren? Es ist ein Sammeltaxi, das einer bestimmten Route folgt und immer wieder zum Ausgangspunkt zurückkehrt. Ein Fortbewegungsmittel, das eigentlich nur für Kubaner gedacht ist, denn es befindet sich immer in einem sehr schlechten technischen Zustand. Dies bedeutet jedoch keineswegs, dass Touristen kein kubanisches Taxi nehmen sollten. Es ist auch ziemlich preisgünstig: Der Fahrpreis von Havanna nach Marianau (ca. 12 km) beträgt ungefähr 20 Pesos Cubanos, was weniger als einem Dollar entspricht. Eine Fahrt vom Parque Central nach Vedado ist für 10 Pesos Cubanos zu haben.

Wenn Sie die Möglichkeit haben, sollten Sie unbedingt eine »maquina« benutzen, denn das Erlebnis ist jeden Peso wert. Falls Sie übrigens der Meinung sind, dass fünf Personen in einem Auto zu viele sind, sollten Sie dennoch darauf vorbereitet sein, an der nächsten Haltestelle etwas zur Seite zu rücken, um Platz für einen weiteren (sechsten) Fahrgast zu machen. Das Leben in einer »maquina« kann sehr aufregend sein.

Have you ever taken a ride in a »maquina«? A maquina is a shared taxi that follows a fixed route and always returns to the same starting point. These vehicles are usually in a poor state of repair and are generally intended for use by the locals, although that doesn't mean tourists should avoid them. They're cheap too, and the eight-mile ride from Havana to Marianu costs about 20 pesos, which is less than a single US dollar. A ride from Parque Central to Vedado costs just 10 pesos, or 40 cents.

If you get the chance to ride in a maquina, take it. The experience is worth every peso. Even if you think five people in a car is too many, you might still have to slide over at the next stop to let in passenger number six. If you take a maquina, you will be in for a wild ride!

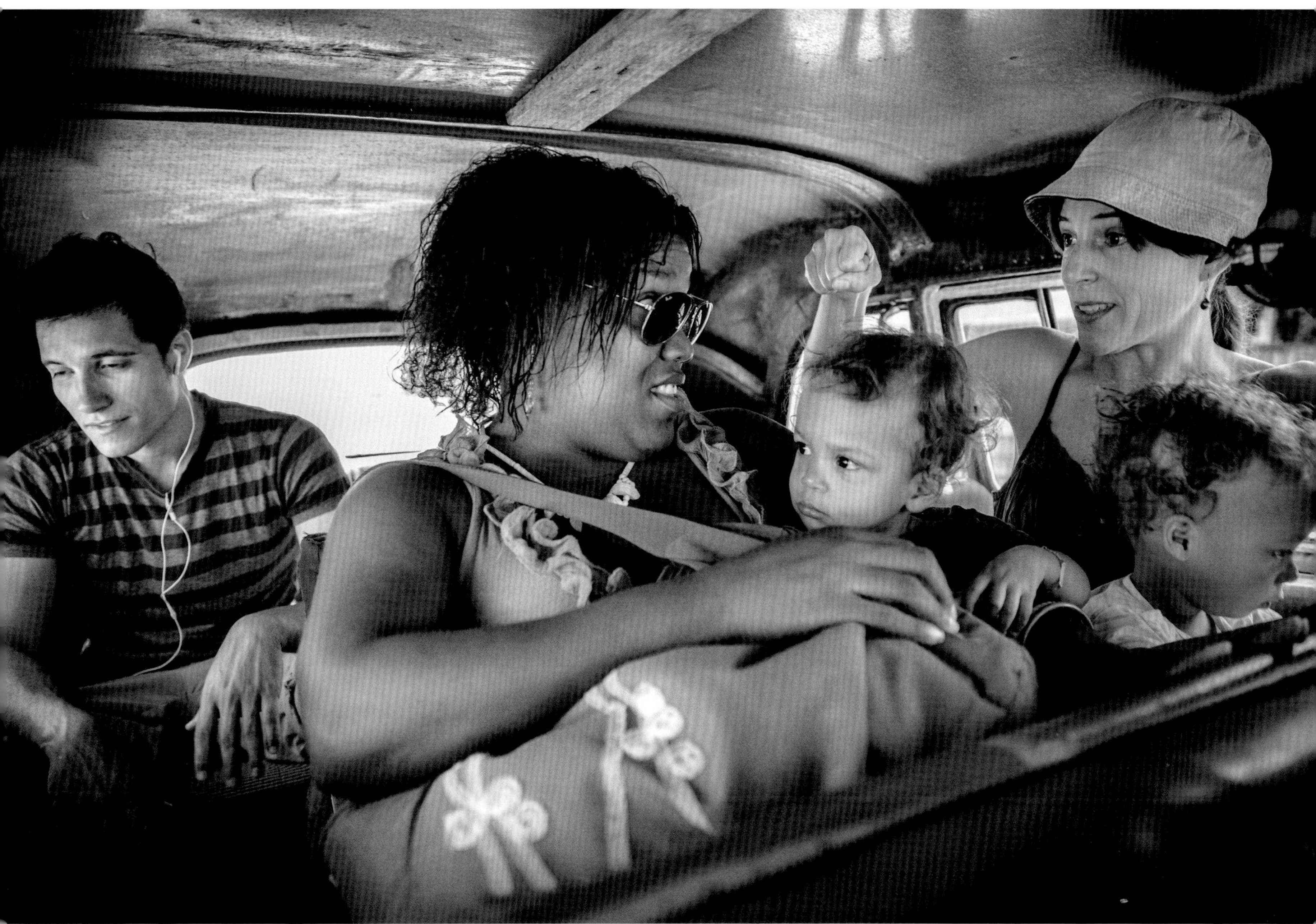

MEINUNGSVERSCHIEDENHEITEN
DIFFERENCE OF OPINION

Dieses Foto zeigt, wie der Boss einer Schau-
stellertruppe in Gibara seinen Mitarbeitern
die Meinung geigt. Worum es genau geht,
ist unwichtig, das Foto erzählt eigentlich
alles Wichtige.

    Ich liebe es, Fotos zu machen, die keiner
Erklärung bedürfen. Worte können von
der erlebten Stimmung ablenken und den
Betrachter in die Irre führen. Als Fotograf
geht es mir um das Bild, das die Geschichte
erzählt. Ich mag kein aufgesetztes Pathos.
Gerade dieses Foto gibt dem Betrachter
Raum für eine eigene Interpretation.

This image shows the boss sharing his
opinion with his team of amusement park
workers. What the discussion was about is
not so important—the picture says it all.

    I like photographs which don't need an
explanation. Any description might dis-
tract the viewers, even mislead them. As a
photographer, I let the image tell the story.
I hate feigned pathos! This image here
leaves enough room for interpretation.

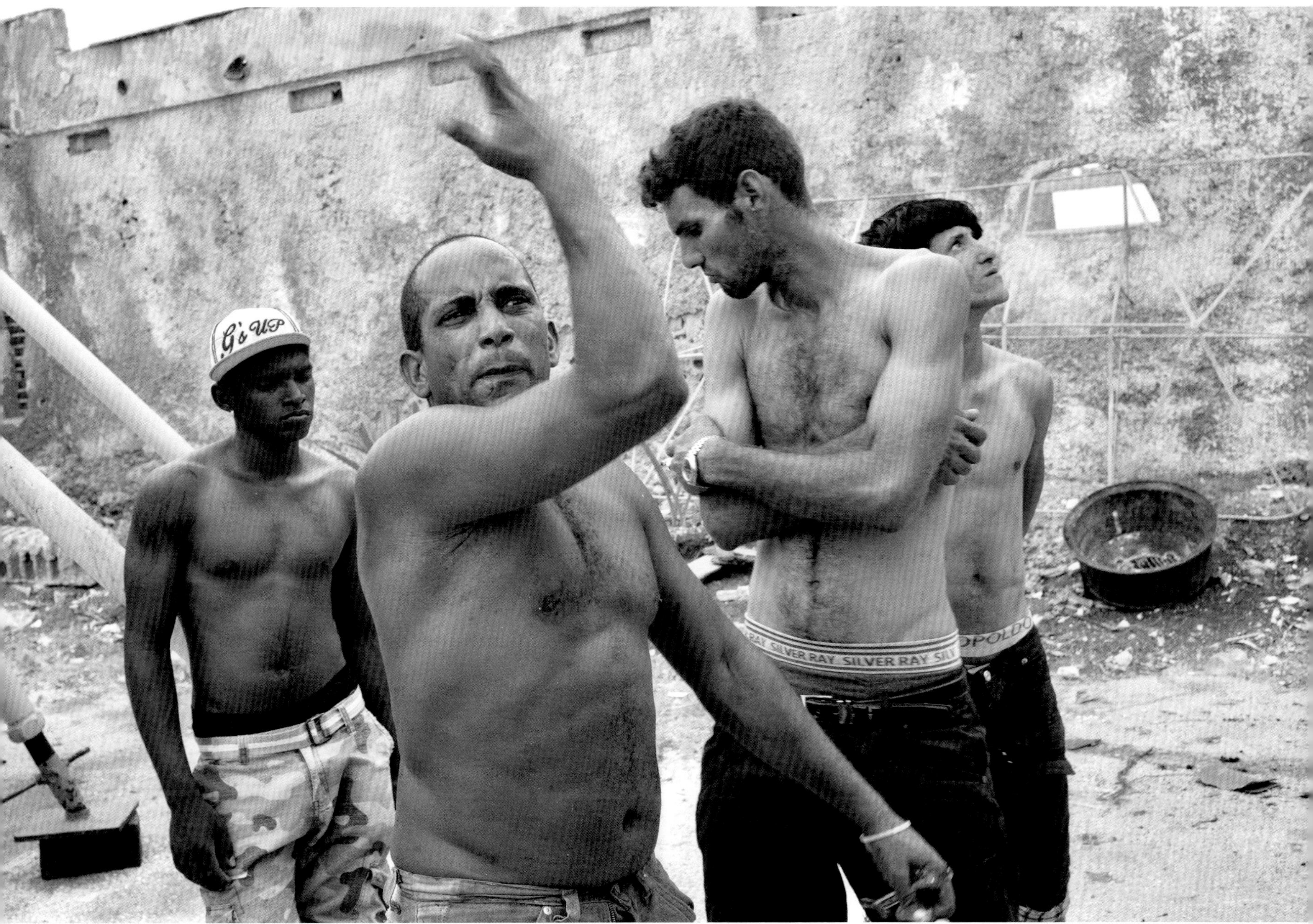

SANTERÍA

Wenn man durch die Straßen von Havanna geht, wird man Leute bemerken, die von Kopf bis Fuß in Weiß gekleidet sind mit einer Perlenkette, die die einzige Farbe im Outfit liefert. Es handelt sich um Praktizierende von Santería, einer afrokubanischen Religion, und die Perlen repräsentieren ihre verehrten Orishas, die Götter und Göttinnen, die im Mittelpunkt ihres Glaubens stehen.

When you spend time on the streets of Havana, you often see people dressed from head to toe in white with strings of beads that provide the only color in their outfits. They are practitioners of the Afro-Cuban Santería religion, and the beads represent their revered orishas, the gods and goddesses on which their beliefs are centered.

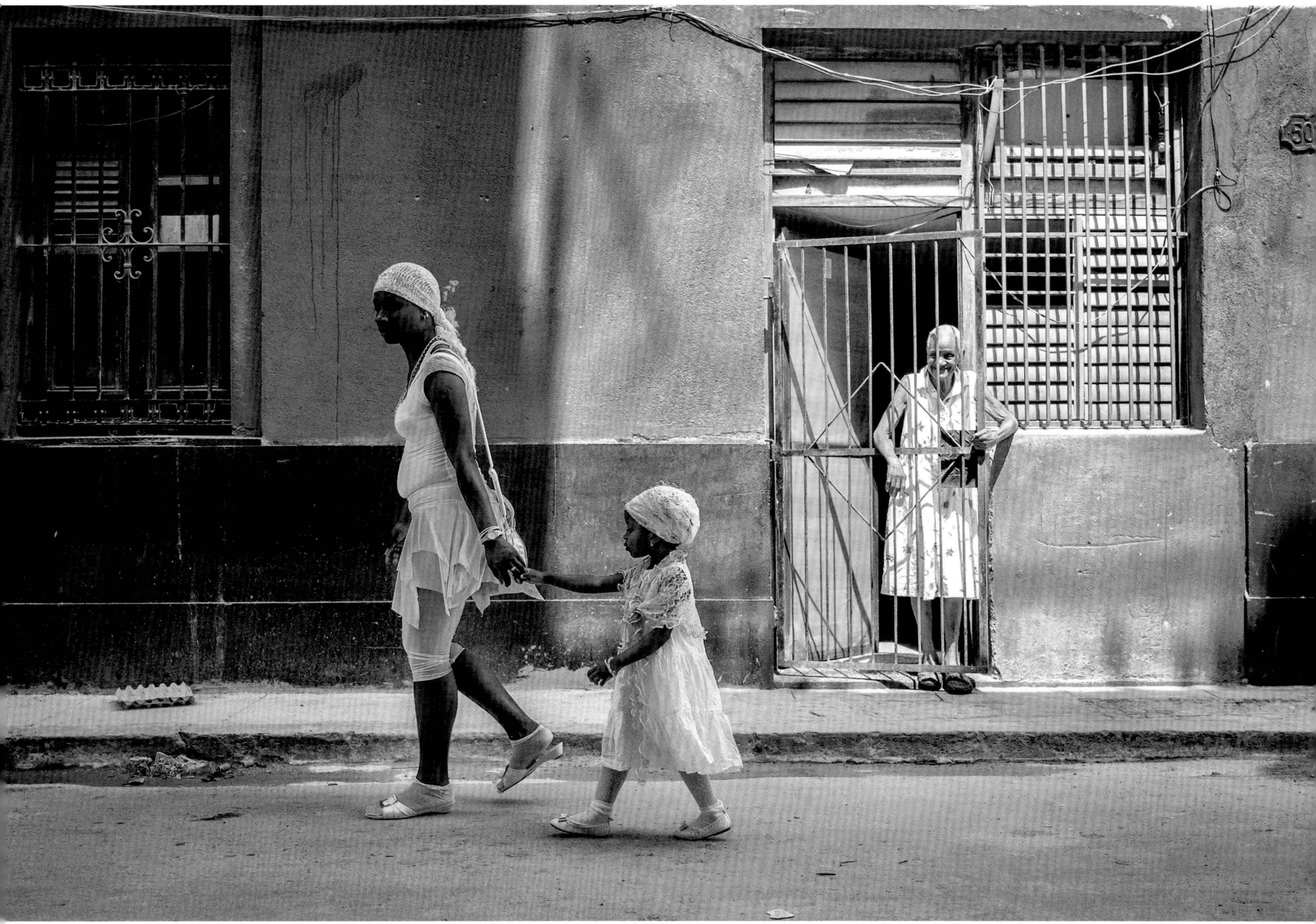

RAICES PROFUNDAS

Die Gruppe »Raices Profundas« hat ein starkes Repertoire, das alle verschiedenen Genres des Tanzes und der Musik der kubanischen Folklore umfasst. Ihr Name »Raices Profundas« bedeutet wörtlich übersetzt »Tiefe Wurzeln«, was ihre Bedeutung in der kubanischen Kultur ausdrücken soll. Die Mitglieder trainieren intensiv an fünf Tagen in der Woche vier Stunden pro Tag in Centro Havanna. Der Direktor und Gründer Juan de Dios erklärt, dass er seine Tänzer nicht nach Körpertyp oder körperlicher Verfassung auswählt, sondern sie müssen den Tanz im Herzen und in der Seele tragen. Er sagt, dass viele seiner Tänzer einfach von der Straße kommen, aber wenn er diese Leidenschaft in ihnen sehen kann, macht es ihm nichts aus, sie von Grund auf zu trainieren.

The group »Raices Profundas« has a strong repertoire that includes the various genres of dance and music of Cuban folklore. The name »Raices Profundas« literally means »deep roots,« which is supposed to express the importance in Cuban culture. The members of the group practice intensively five days a week for four hours a day in Centro Havana. The director and founder Juan de Dios explains that he does not choose his dancers according to body type or physical fitness, but they must carry the dance in their hearts and souls. He says that many of his dancers just come off the street, but if he can see passion in them, he doesn't mind training them from the ground up.

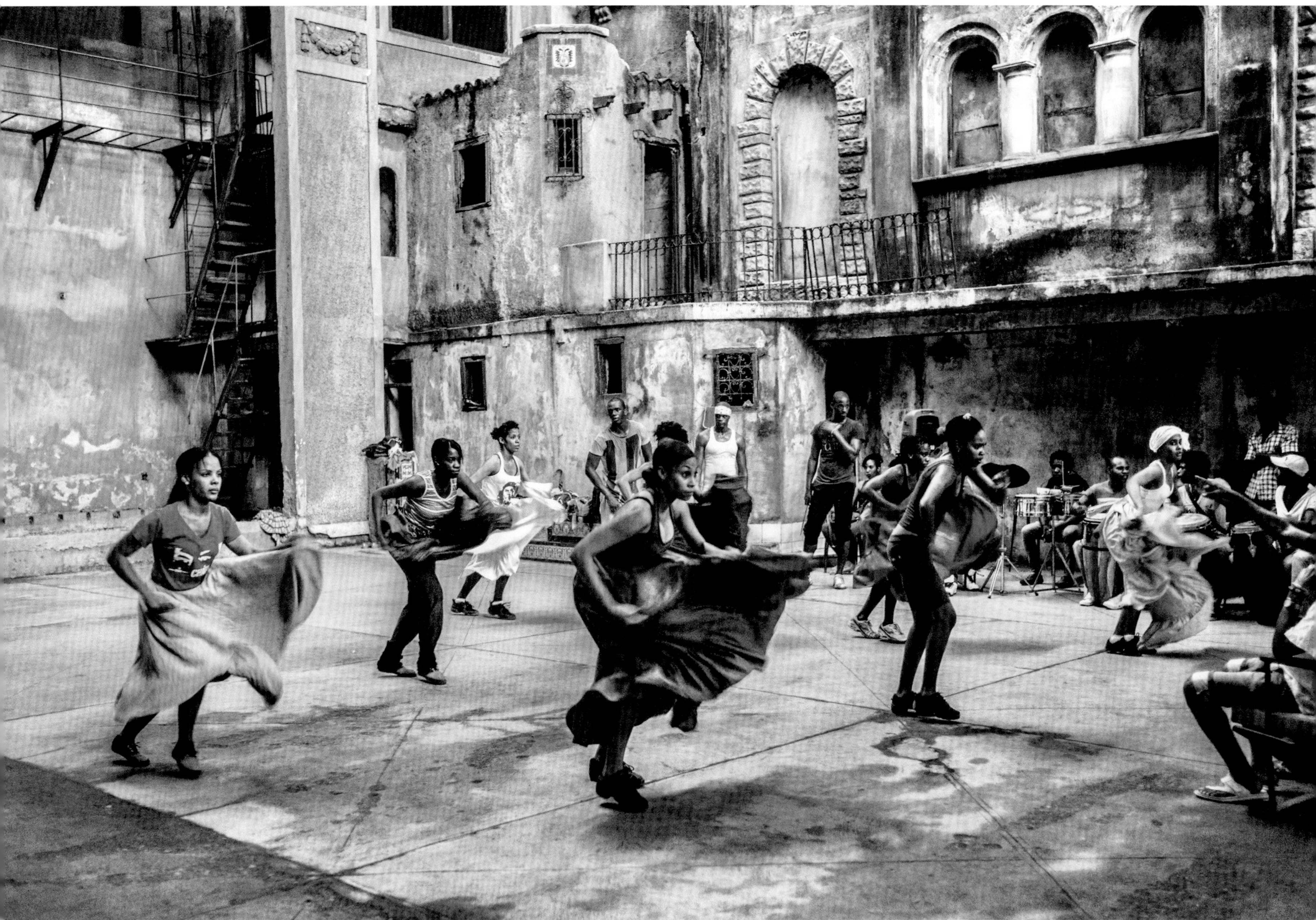

BABALÚ AYÉ

Mit dem Import von Sklaven aus Westafrika verbreitete sich auch die Santería-Religion in Kuba, eine Mischung aus afrikanischem Yoruba-Glauben und dem Katholizismus. Da ihnen von den Spaniern verboten wurde, ihren Glauben zu praktizieren, fanden die Sklaven Wege, die Bilder ihrer Götter hinter denen der katholischen Heiligen zu verbergen. Sankt Lazarus, der Schutzpatron der Kranken und Aussätzigen aus dem Christentum, steht so in Verbindung mit Babalú Ayé aus der Yoruba-Religion. Das Foto zeigt ein Mitglied einer Pilgergruppe, die anlässlich des Namenstages von San Lazaro am 17. Dezember von Santiago de Cuba nach El Rincon gepilgert ist, um dort ein Versprechen für die Heilung eines Verwandten einzulösen.

Santería is a mixture of African Yoruba and Catholic beliefs, and began its spread through Cuba with the introduction of West African slaves. The Spaniards attempted to prohibit their slaves from practicing their own religion, but the slaves often found ways to hide images of their deities behind those of the Catholic saints. Lazarus, the Christian patron saint of lepers and the sick, finds his equivalent in Babalú Ayé, the Yoruba orisha of healing. This image shows a member of a group who made the pilgrimage from Santiago de Cuba to El Rincon on December 17th (the saint's day of San Lazaro) to fulfill a promise of healing he had made to a relative.

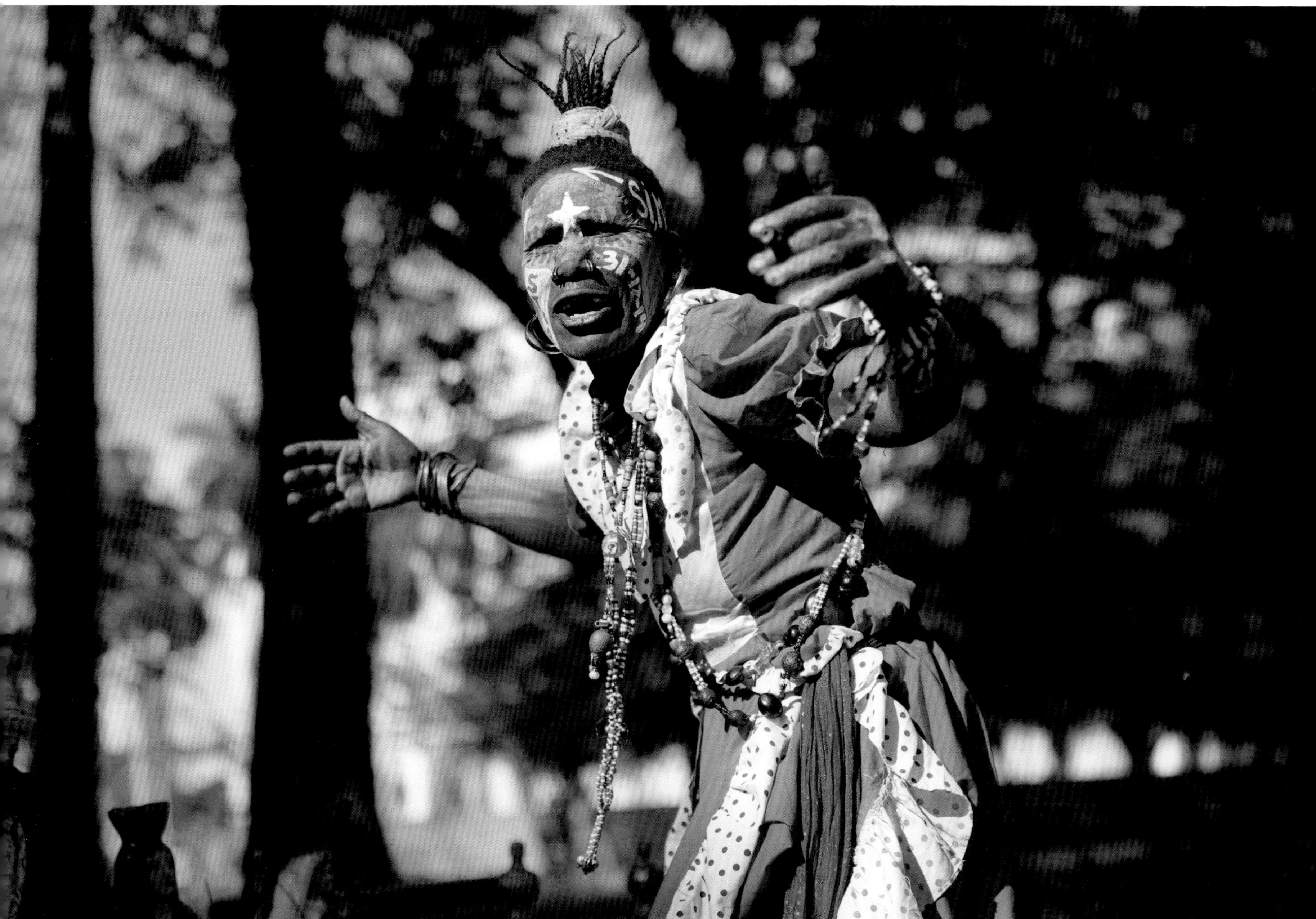

NEUGIERIGE NACHBARN
NOSY NEIGHBORS

Es ist nicht üblich, dass Fremde in die Wohnung eines Kubaners eingeladen werden. Geschieht es aber doch, möchten die Nachbarn natürlich gerne wissen, was da nun gerade vor sich geht. Gibt es vielleicht kleine Geschenke oder etwas zu essen? Man könnte ja etwas verpassen.

It is unusual for strangers to be invited into a Cuban's home. However, if it does happen, the neighbors are sure to want to know what's going on. Might there be gifts to be distributed or something to eat? They wouldn't want to miss out.

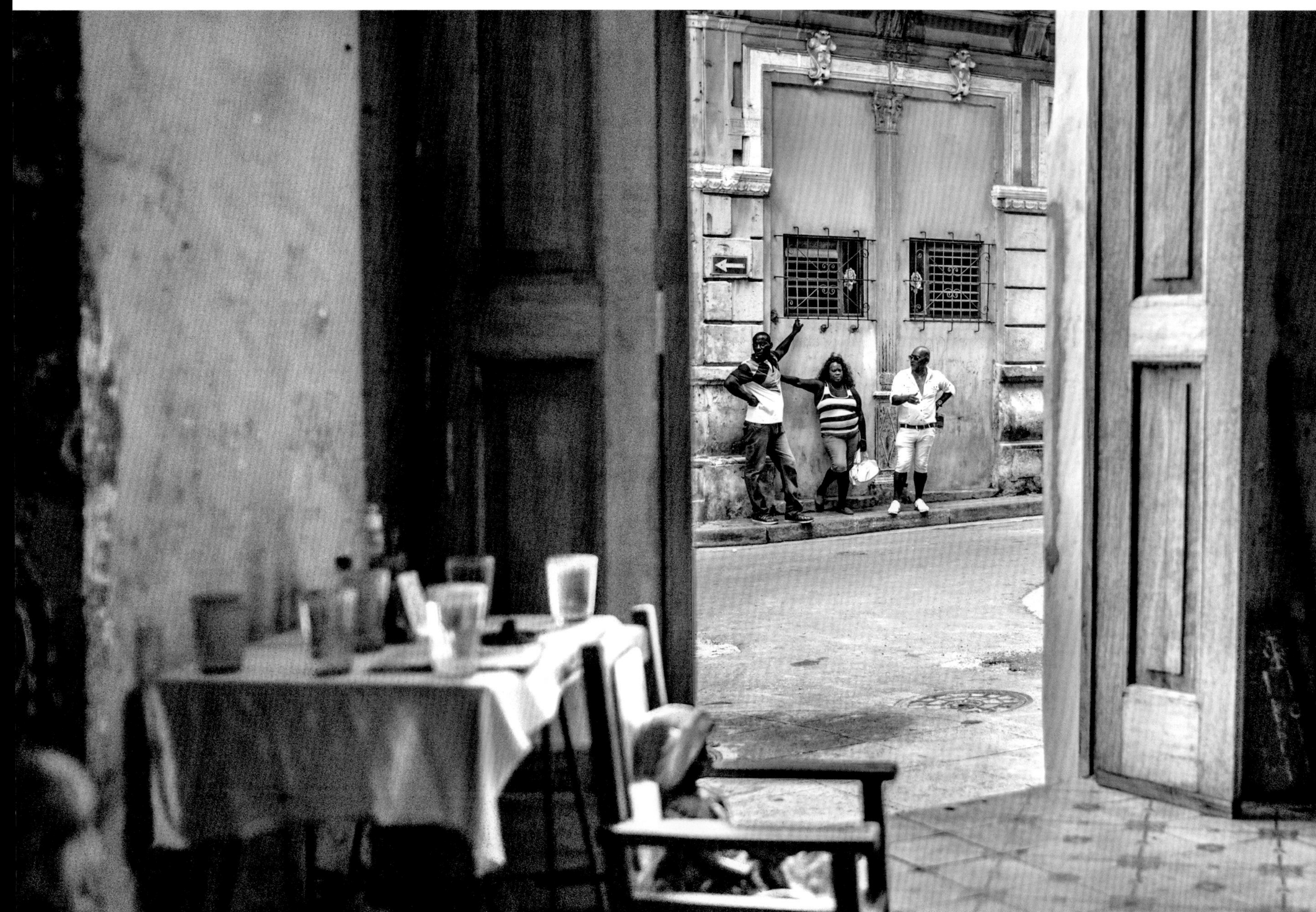

FIESTA DEL FUEGO IN SANTIAGO DE CUBA

Die »Fiesta del Fuego« in Santiago de Cuba findet jedes Jahr Anfang Juli statt. Es umfasst eine Reihe von Ausstellungen, Straßenfeiern und Aufführungen mit dem Fokus auf die karibische Kultur. Das Foto zeigt Mitglieder einer Folkloregruppe, die mit dem Bus aus dem 80 km entfernten Guantanamo herangebracht wurden. Nach ihrem Auftritt musste die 25-köpfige Gruppe sofort wieder in den Bus steigen und die zweistündige Heimfahrt antreten. Sie verschwanden so still und heimlich wie sie gekommen waren, denn eine Teilnahme an den Festlichkeiten war für sie nicht vorgesehen.

The »Fiesta del Fuego« in Santiago de Cuba is a big annual event that takes place in early July. It features a range of exhibitions, street parties, and performances with a focus on Caribbean culture. This photo shows members of a folklore group who were brought by bus from Guantanamo, 50 miles away. After their performance, the group of 25 immediately had to get back on the bus and start the two-hour journey home. They disappeared as quietly and secretly as they had come, because they were not supposed to take part in the festivities.

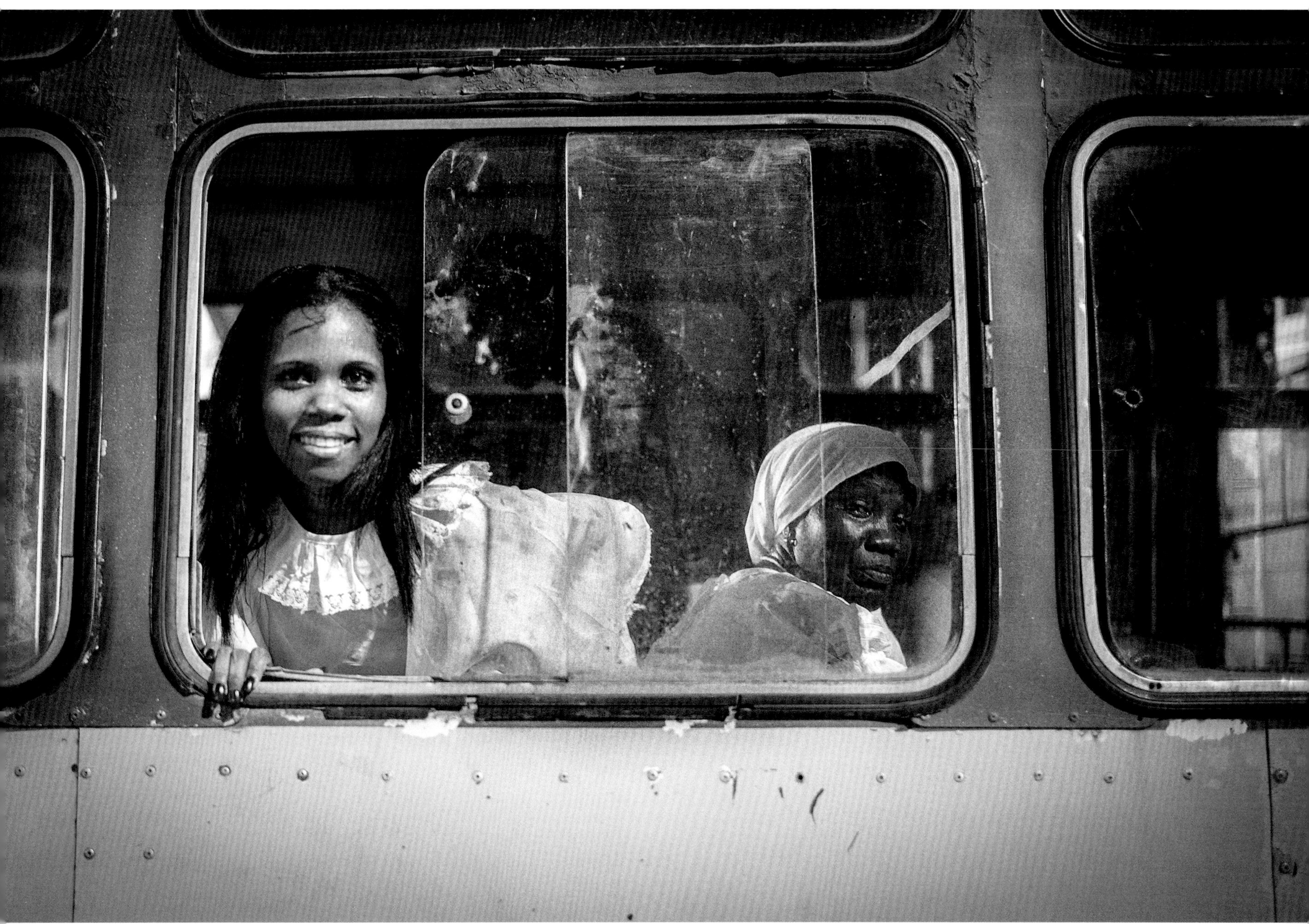

DIE STOLZE MUTTER
A PROUD MOTHER

Ich »stehle« keine Bilder, indem ich die Menschen heimlich fotografiere. Ich tauche in meine Motive ein. Jedes Foto ist das Ergebnis einer Begegnung, eines Austauschs. Nach vielen Begegnungen kannten mich die Menschen und akzeptierten mich als einen von ihnen. Im unmittelbaren Kontakt habe ich den Umgang mit der kubanischen Seele gelernt. Mir ist dadurch auch das Foto »Die stolze Mutter« gelungen, bei dem die Mutter ihr Kind auf der Straße stillt. Das ist für mich das Symbol von Alt-Havanna.

Auch nach vielen Jahren bin ich noch kein Kubaner, das möchte ich nicht behaupten, doch Kuba hat mir viel gegeben. Die Mentalität der Menschen ist so anders als unsere. Wenn ich nach Deutschland zurückkomme, fühle ich mich ein wenig fremd. Ich mag die Lebensweise der Kubaner, sie erscheint mir trotz der täglichen Widrigkeiten menschlicher.

I don't »steal« images of people by photographing them in secret, and I always prefer to immerse myself in my subjects. All my photos have resulted from personal encounters and human interactions. After we had met a few times, the people in my images got to know me and began to accept me as one of them. It was these relationships that enabled me to get up close to the soul of Cuba. This approach also enabled me to capture the image I call »A Proud Mother,« which shows a mother breastfeeding her baby on the street. For me, this image perfectly symbolizes »Habana viéja«, Havana's old town.

Even after all these years, I still don't claim that I've somehow become Cuban. Nevertheless, I have gained a lot from my time spent on the island. The mentality there is so different from ours, and I feel a bit like a stranger each time I return to Germany. I like the way the Cubans approach life, which seems somehow more human despite their daily hardships.

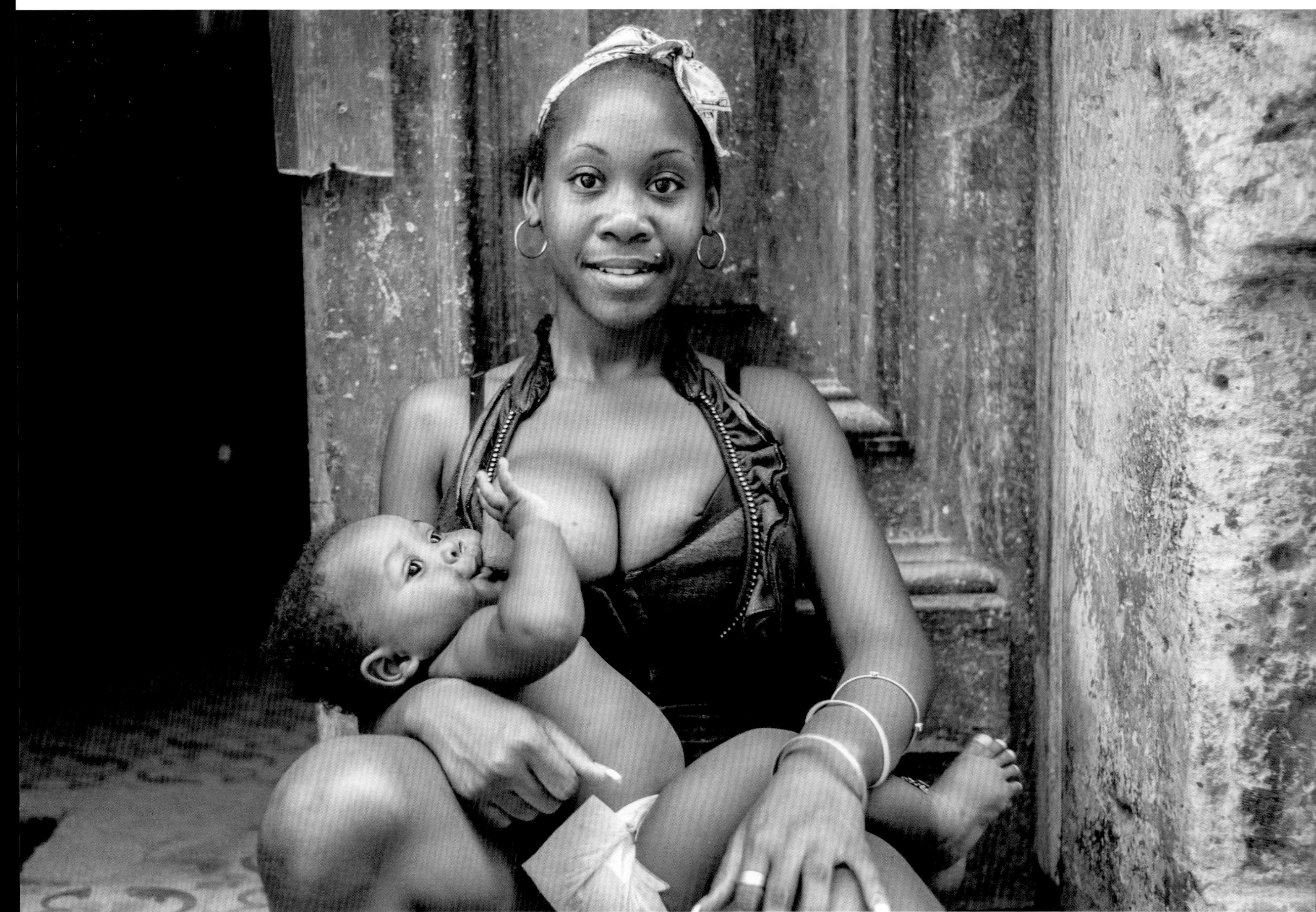

DIE MATRIARCHIN
THE MATRIARCH

Yvan hatte mich zur Santería-Zeremonie in sein Haus eingeladen. Bei dieser Zeremonie handelt es sich um ein sehr intimes religiöses Ritual, bei dem Fotografieren strengstens verboten ist. Weil ich mittlerweile als Familienmitglied angesehen werde, vielleicht aber auch weil ich eine Spende mitgebracht hatte, durfte ich dennoch meine Kamera auspacken. Ein Großteil der Spenden für die Götter landete gleich in dem uralten russischen Kühlschrank und die mitgebrachten Rumflaschen machten die Runde. Der steigende Alkoholpegel, die Hitze und das monotone Trommeln trugen dazu bei, dass eine der Tänzerinnen in Trance fiel. Yvan holte sie mit einem lauten Klatschen wieder ins Bewusstsein zurück. Für sie war die Feier vorbei, sie musste sich auf dem Bett im Nebenraum erholen.

Nach etwa einer halben Stunde erschien sie plötzlich wie aus dem Nichts: die Matriarchin, das Oberhaupt der Familie. Ganz in Weiß gekleidet, stand die kleine Frau da und bewegte sich im Rhythmus der Trommeln. Ihr Wort ist Gesetz, sie bestimmt, wer wen heiratet, und sie segnet werdende Mütter. Auch dann, wenn das Kind, wie so oft in Kuba, einen unbekannten Vater hat.

Yvan invited me to a Santería ceremony at his house. This ceremony is an intimate religious ritual, and photography is usually prohibited. However, because I am now seen as a member of the family, and perhaps because I also brought along an offering for the orishas (the Yoruba deities), I was allowed to use my camera. Many of the offerings were stowed away in the ancient Russian refrigerator and the rum everyone had brought along was passed around. The alcohol intake, the stifling heat (thanks largely to the refrigerator), and the steady drumming caused one of the dancers to fall into a trance. Yvan brought her back to consciousness with a loud clap, but she was done for the day and spent the rest of the ceremony recovering on a bed in the next room.

About a half hour later the family matriarch suddenly appeared out of nowhere. This tiny woman, dressed all in white, stood in the center of the room and swayed gently to the rhythm of the drums. Her word is law: She decides who gets married to whom and she blesses mothers-to-be; even if the father is unknown, as is often the case in Cuba.

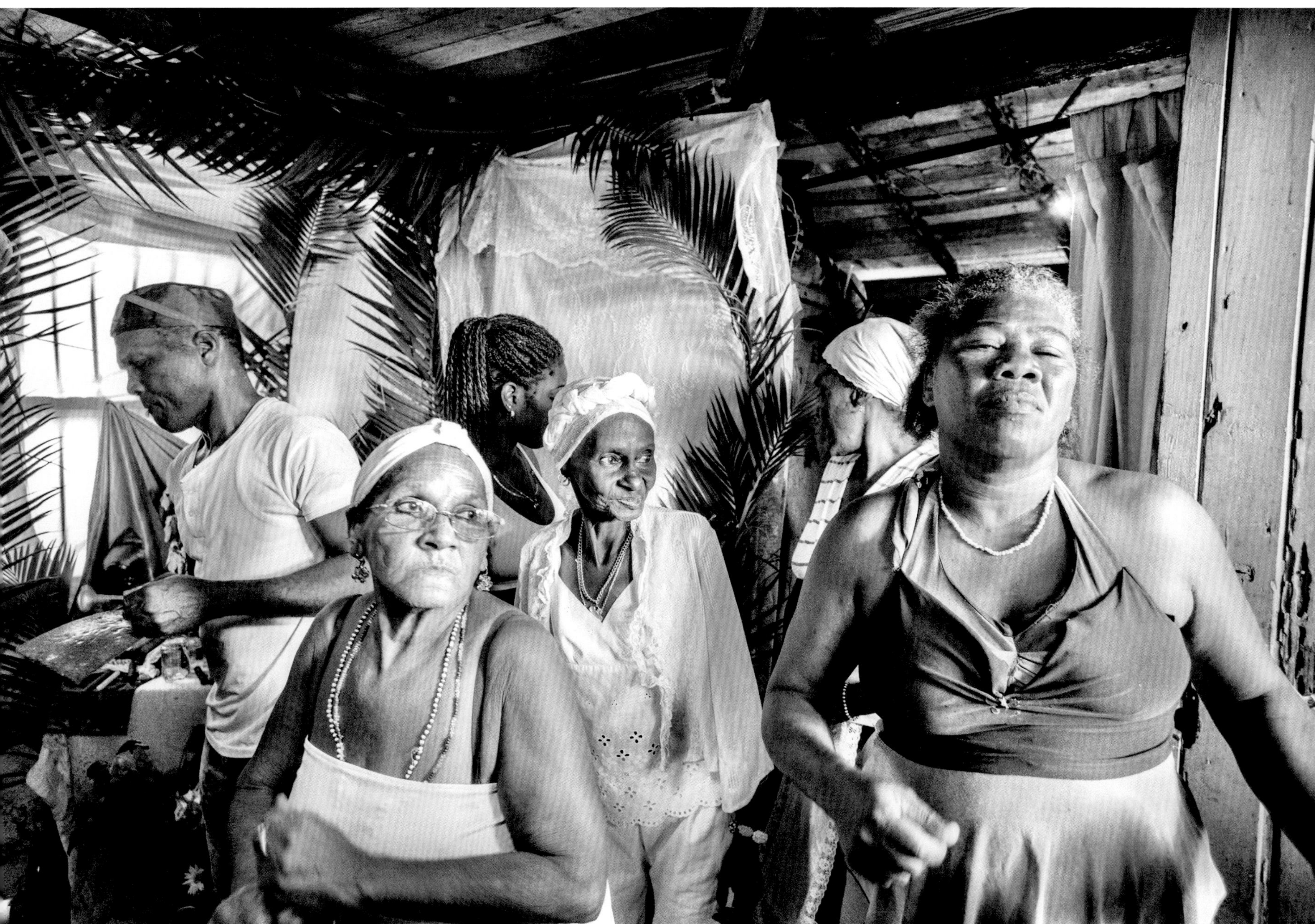

EIN KUBANISCHER ROADMOVIE
A CUBAN ROAD MOVIE

Dieses Bild ist eine jener Geschichten, deren Handlung sich langsam entwickelte. Ich machte einige Bilder von den beiden im Auto, aber das eigentliche Titelfoto entstand erst am Schluss. Das Bild ist eine Aufforderung an den Betrachter, den Anfang und das Ende der Geschichte mit der eigenen Fantasie zu vervollständigen.

This image tells one of those stories that developed slowly. I had already taken several photos of these two in their car, but the image you see here was one of the last I captured. This photo challenges you, the viewer, to use your imagination to fill in the blanks at the beginning and end of the story.

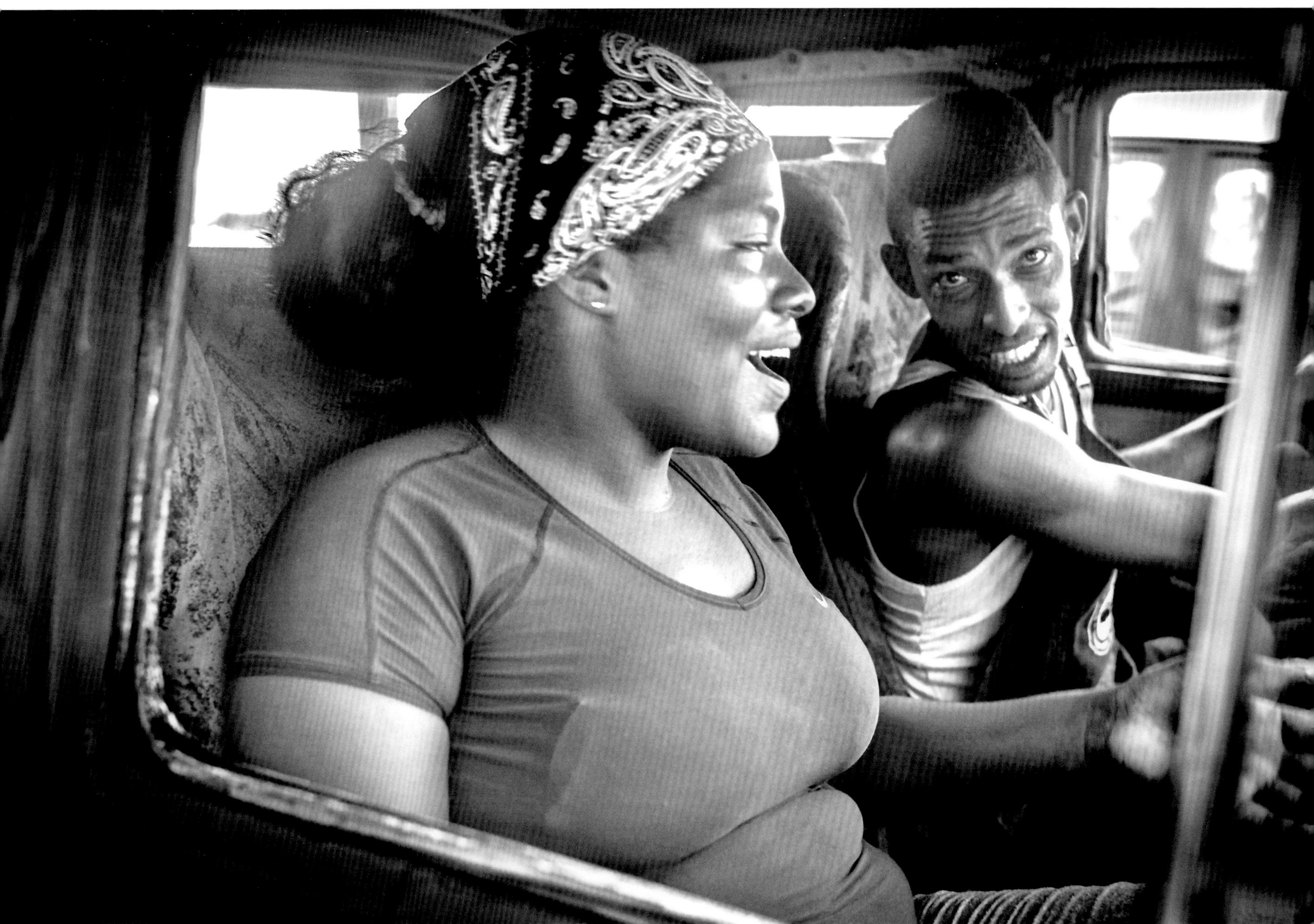

HAHNENKAMPF
COCKFIGHT

In Kuba war dieses grausame Spektakel, bei dem viele Tiere ihr Leben lassen, nach der Revolution 1959 nicht mehr erlaubt. Nicht, dass sich die Kubaner an das Verbot gehalten hätten, aber seit einigen Jahren ist der Hahnenkampf nun wieder erlaubt und es gibt einige offizielle Arenen sowie unzählige versteckte. Seinen Ursprung verdankt der Hahnenkampf vor allem dem Mangel an anderen Unterhaltungsmöglichkeiten, vor allem an den arbeitsfreien Wochenenden. Auch fehlt es den meisten Kubanern an Wissen in Sachen Tierschutz. Wo Hausschlachtungen noch zum Alltag gehören, gilt das Tier mehr als Objekt denn als leidensfähiges Gottesgeschöpf. Obwohl das Glücksspiel in Kuba verboten ist, wird der Hahnenkampf oft dazu benutzt, das Einkommen durch illegalen Wetteinsatz dramatisch zu erhöhen.

Fotografieren wird meistens nicht geduldet, weil der ein oder andere dadurch ja beim nicht erlaubten Wettspiel ertappt und bestraft werden könnte.

Following the revolution in 1959, the cruel spectacle of cockfighting was officially banned though the practice continued illegally over the years. Cockfights were once again legalized a few years ago, providing the fights are held only in government-sanctioned arenas. However, countless illegal, secret cockfighting arenas still exist today.

Most Cubans don't know much about animal welfare. In a society where slaughtering animals at home is a part of everyday life, animals are viewed more as objects than as creatures of God that suffer pain. Although gambling is illegal in Cuba, cockfights are a potential way to seriously increase one's meager wages. Cockfighting continues to be popular due to a lack of other forms of entertainment, especially on the work-free weekends.

Photography is usually forbidden as it provides a way to identify and punish those involved in illegal betting.

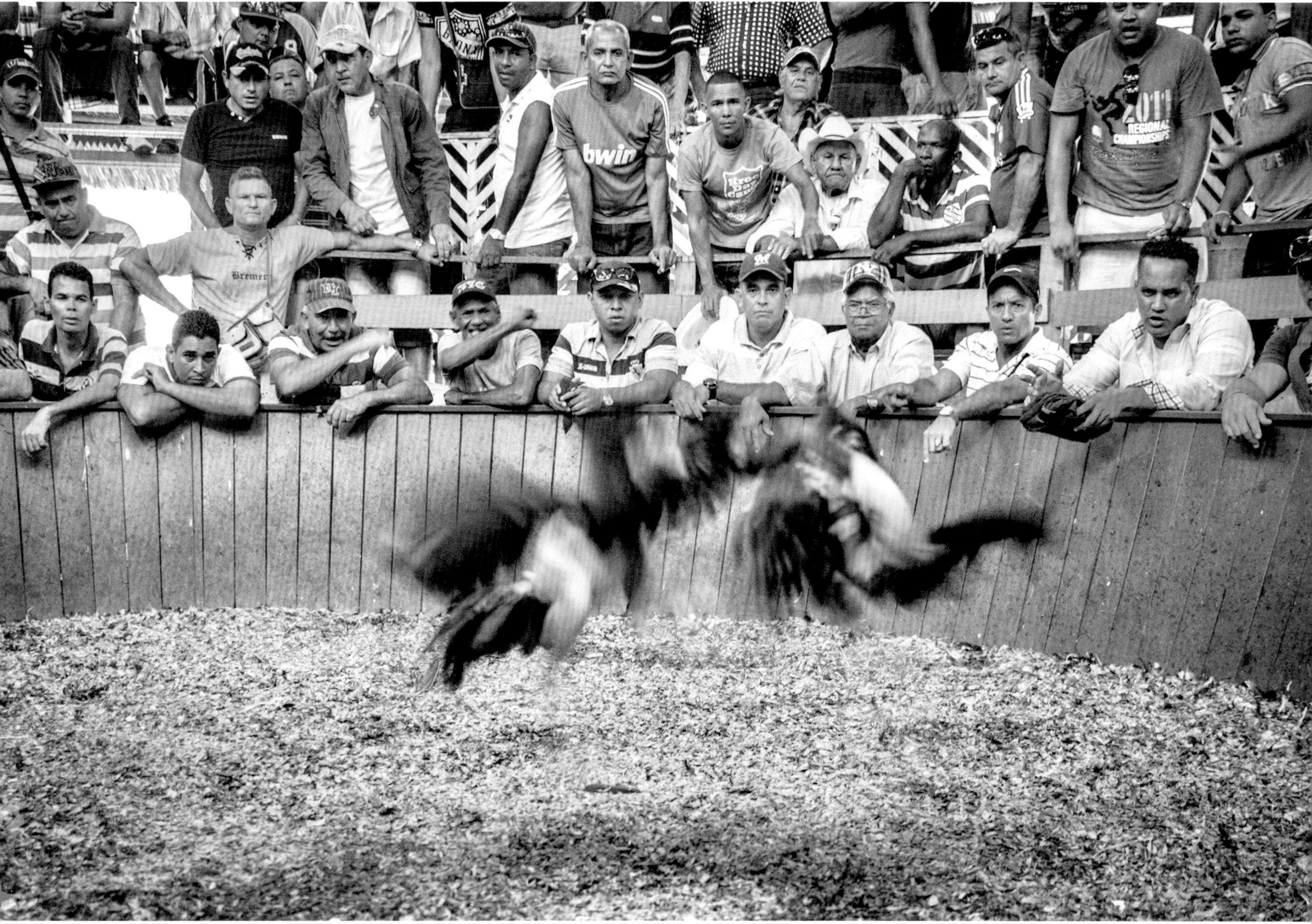

EIN SONNTAG IN HAVANNA
SUNDAY IN HAVANA

Gegen 5 Uhr in der Frühe kräht irgendwo in der Ferne ein Hahn und ich werde langsam wach. Ich habe mich an dieses Geräusch gewöhnt, das ich aus meiner Kindheit kenne. Daher finde ich auch wieder in den Schlaf zurück – es ist noch viel zu früh, um aufzustehen.

Doch dann, etwa eine Stunde später, ohrenbetäubender Lärm: Ein Presslufthammer beginnt seine unbarmherzige Arbeit direkt im Zimmer über mir. Nun weiß ich mit Sicherheit: Heute ist Sonntag!

Geld ist ein knappes Gut in Kuba. Deshalb hat sich Oscar in der Wohnung über mir die notwendigen Werkzeuge von seiner Arbeitsstelle ausgeliehen, um am Wochenende leer stehende Räume in eine »casa particular« zu verwandeln, damit er diese dann an Touristen vermieten kann. Ich gebe ihm eine Zigarre, damit er mit dem Lärm ein wenig innehält. Zumindest so lange, bis ich geduscht und angezogen bin, sodass ich das Haus verlassen kann. Ein Protest hilft ohnehin nicht, es geht nun jeden Sonntag so. Nicht nur hier in Alt-Havanna, wo ich wohne, sondern überall in Kuba wird der Tag des Herrn dazu benutzt, um längst überfällige Bauarbeiten zu erledigen.

At around 5:00 a. m., a rooster crows somewhere in the distance and I slowly begin to stir. I have become used to this sound that reminds me of my childhood. I find it easy to go back to sleep as it is still much too early to get up.

But then, about an hour later, I am rudely awoken by the ear-splitting noise of a pneumatic drill coming from the room right above mine. Now I'm sure—today is Sunday!

Money is scarce in Cuba, so Oscar (my upstairs neighbor) borrows the necessary tools from his workplace and spends his weekends converting his unused living space into a »casa particular« (a private apartment), which he plans to rent out to tourists. I give him a cigar to encourage him to take a break, at least until I've showered and dressed and can head out on my regular Sunday foray. It's always this way on Sundays, so complaining doesn't help. Not only where I live in Havana's old town, but everywhere in Cuba, people use the »day of rest« to make all those long overdue repairs.

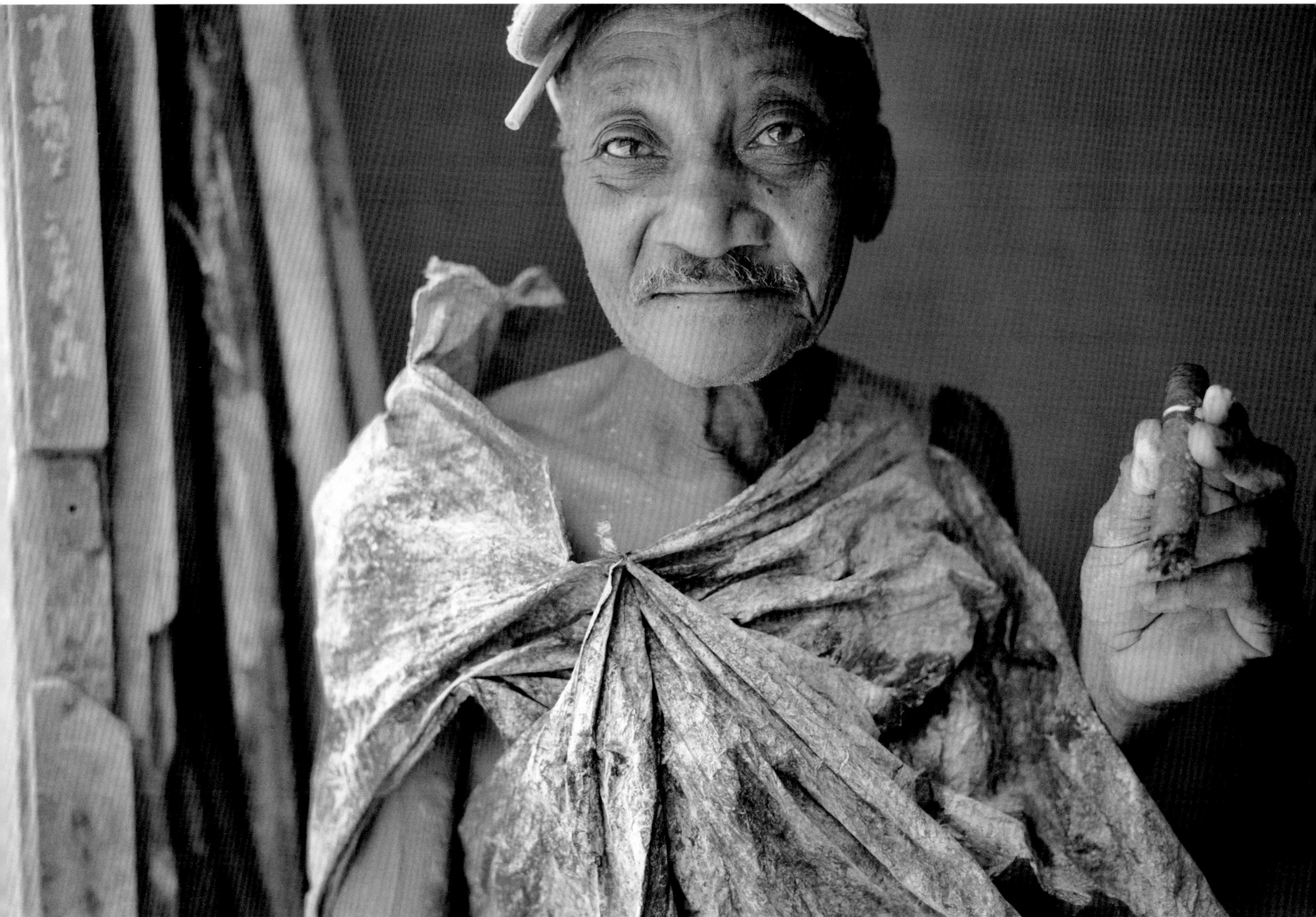

DIE MUSIKALISCHE LEITERIN VON SINDO GARAY
SINDO GARAY'S MUSICAL DIRECTOR

Ich traf Virginia (94) zum ersten Mal im Oktober 2015 in ihrem zerfallenen Haus in Centro Lies und unterhielt mich lange mit ihr. Sie sprach fünf Sprachen und stammte ursprünglich aus Martinique. Als musikalische Leiterin hat sie viele Jahre für Sindo Garay, einen der vier großen Vertreter der Trova-Musik, gearbeitet. Trova-Musiker haben eine wichtige Rolle für die Entwicklung der kubanischen Musik gespielt. Sie waren als Komponisten sowie als Sänger produktiv und haben viele Kollegen dabei unterstützt, die kubanische Musik auf der ganzen Welt zu verbreiten. Der Erste und einer, der am längsten lebte und arbeitete, war Sindo Garay (geb. 12. April 1867, gest. 17. Juli 1968 in Havanna). Er gilt als der herausragende Komponist von Trova-Liedern.

Virginia gab mir am 17. Dezember 2018 noch einmal mit »My Bonnie Lies Over the Ocean« ein privates Ständchen. Am Tag darauf verstarb sie im Alter von 97 Jahren.

I met 94-year old Virginia for the first time in October 2015. We sat down in her run-down house in Centro Havana and we had a long conversation. She was born in Martinique and spoke five languages. She worked for many years as musical director for Sindo Garay, one of the four great trova artists. Trova musicians often worked as singers and composers, and they played an important role in the development of Cuban music, helping many other local musicians to popularize Cuban music throughout the world. The first and longest-lived of these musicians was Sindo Garay, who was born on April 12, 1867 and died in Havana on July 17, 1968. He is considered to be the most outstanding of all the trova musicians.

On December 17, 2018, Virginia sang me a private rendition of »My Bonnie Lies Over the Ocean«. She died the next day, aged 97.

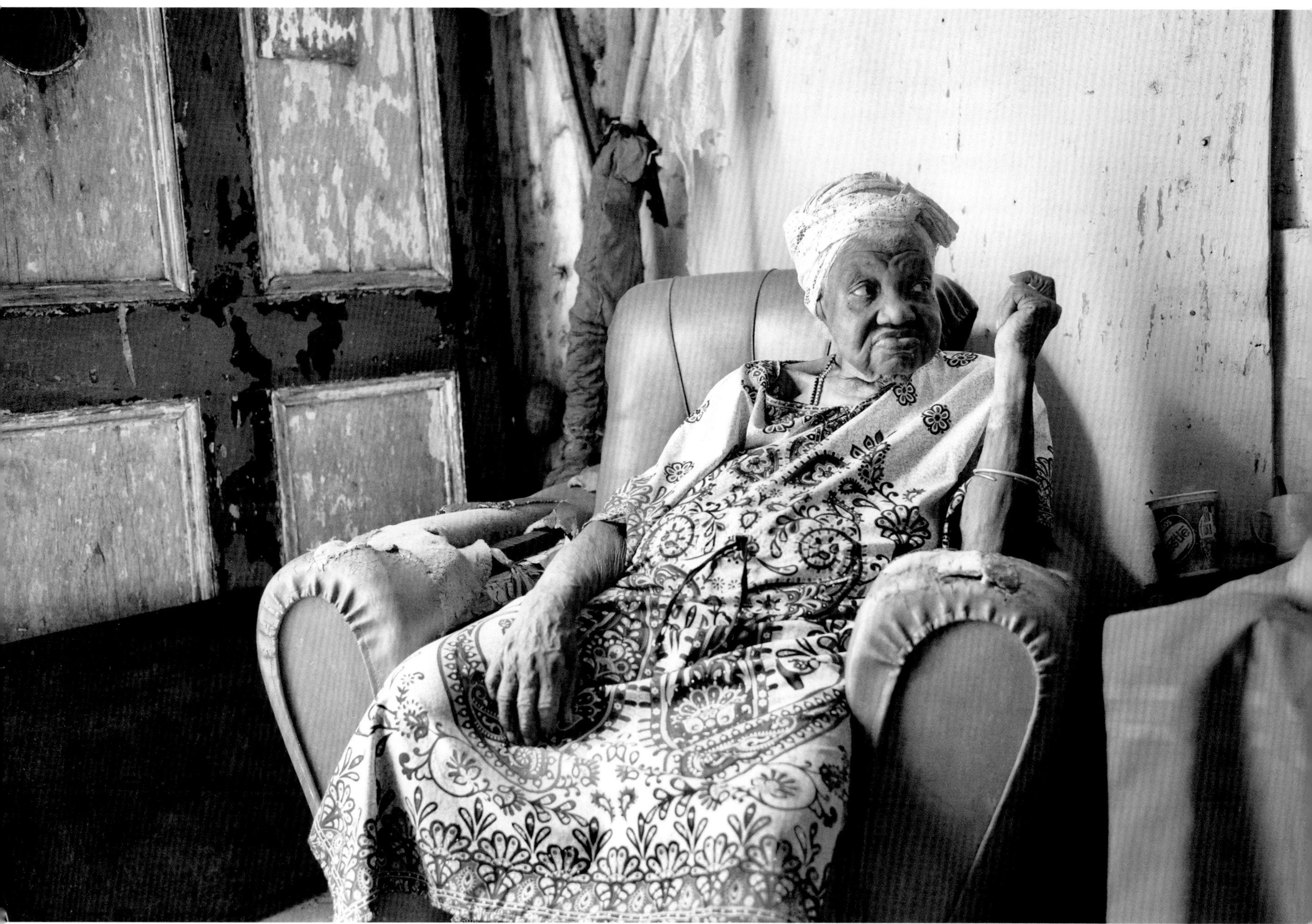

HEAVY METAL

Für jüngere Kubaner ist es immer wieder ein ungewöhnliches Bild, wenn sich Veteranen der Revolution anlässlich des 1.-Mai-Feiertages massenhaft Orden und Ehrenzeichen ans Revers heften. Der 81-jährige Alejandro trägt sein ganzes Leben auf der Brust. Bei jeder Bewegung, die ihm mit zunehmendem Alter immer schwerer fällt, klimpert das Lametta und verkündet den Vorbeigehenden mehr oder weniger diskret, wie wichtig er während der Revolution einmal war. Dank seiner Dienste für den kubanischen Staat in schweren Zeiten bekommt er heute eine stolze monatliche Pension. Während die meisten seiner Zeitgenossen (wie rechts im Bild) gerade in schweren Zeiten nicht wissen, wo das Essen für den folgenden Tag herkommen soll, kann Alejandro die stattliche Präsentationsfläche für sein Lametta sorglos weiterpflegen.

Many younger Cubans find it a strange sight when veteran revolutionaries don their numerous medals and badges of honor for the May 1st public holiday. Alejandro is 81 and carries the story of his life pinned to his chest. Although getting around has become increasingly difficult with age, his decorations jingle with every movement he makes and they let passersby know just how important he was during the revolution. He receives an ample monthly pension in reward for his services to the Cuban state during times of strife. While most of his contemporaries (such as the gentleman on the right) often don't know where the next meal is coming from, Alejandro is able to cheerfully carry on feeding the broad canvas he uses to display his mementos.

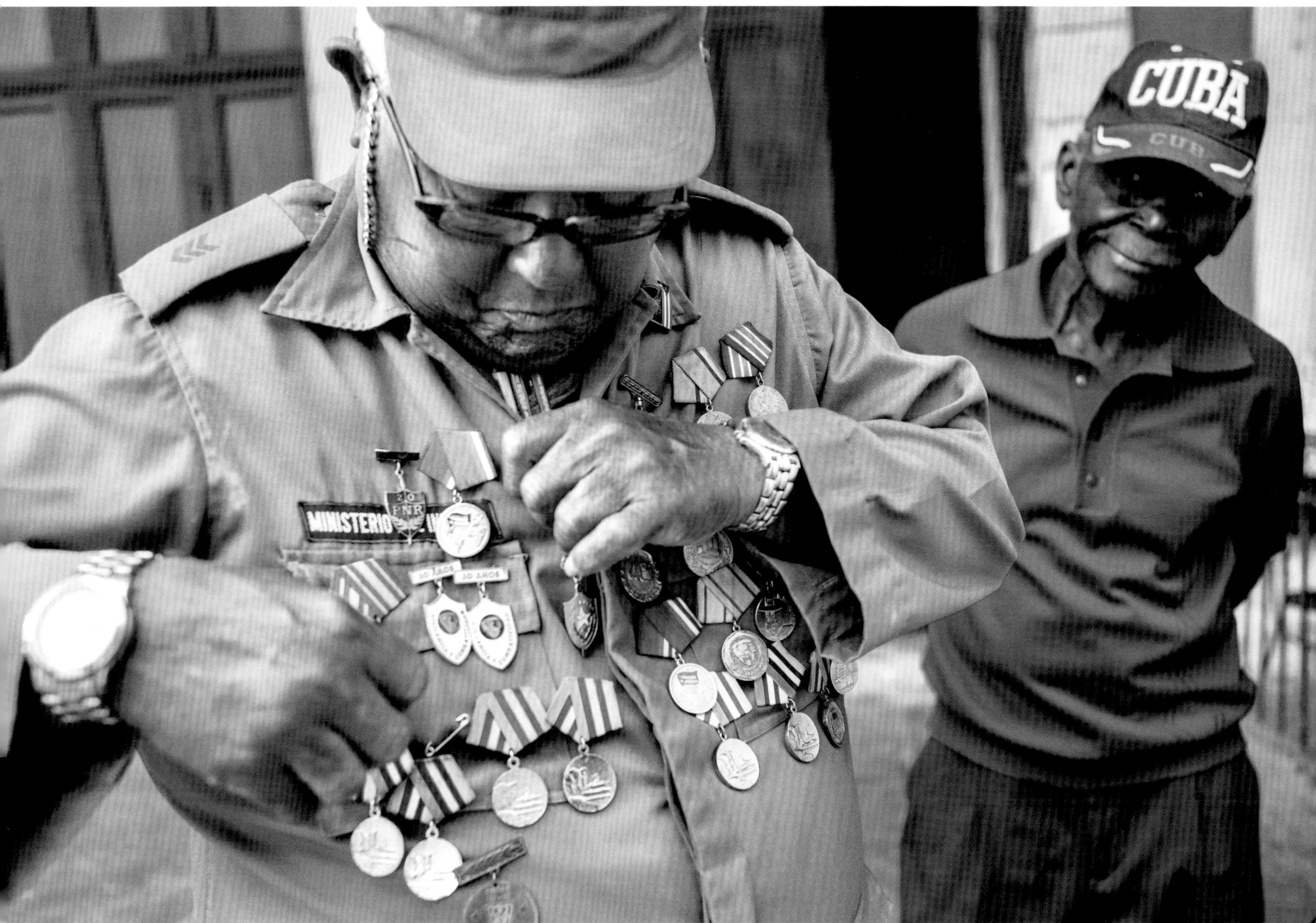

CUBA
MINISTERIO
PNR

VIVA CHÁVEZ

Die Wahl von Hugo Chávez zum Präsidenten Venezuelas im Jahr 1999 stellte so etwas wie eine Provokation dar, vordergründig natürlich an die Adresse der USA, die Südamerika nach wie vor als ihren Hinterhof zu betrachten pflegen.

Chávez, der seine Gefolgschaft bei den armen Leuten in den Barrios der Großstädte Venezuelas fand, berief sich immer wieder auf Simón Bolívar, jenen südamerikanischen Freiheitskämpfer, der die spanische Kolonialherrschaft beendete. Nachdem Chávez, ein politischer Ziehsohn von Fidel Castro, im Jahre 2013 verstorben war, übernahm Nicolás Maduro, der bei Weitem nicht über das Charisma seines Vorgängers verfügt, das Amt des Staatspräsidenten.

When Hugo Chávez was elected president of Venezuela in 1999, the USA viewed it almost as an act of provocation.

Chávez found his most loyal followers in the poor barrios of Venezuela's cities and he considered himself a sort of Simón Bolívar, the military and political leader who freed large parts of South America from Spanish colonial rule in the eighteenth and nineteenth centuries. When Chávez—a political protégé of Fidel Castro—died in 2013 he was succeeded as president by Nicolás Maduro, who is not nearly as charismatic as his predecessor.

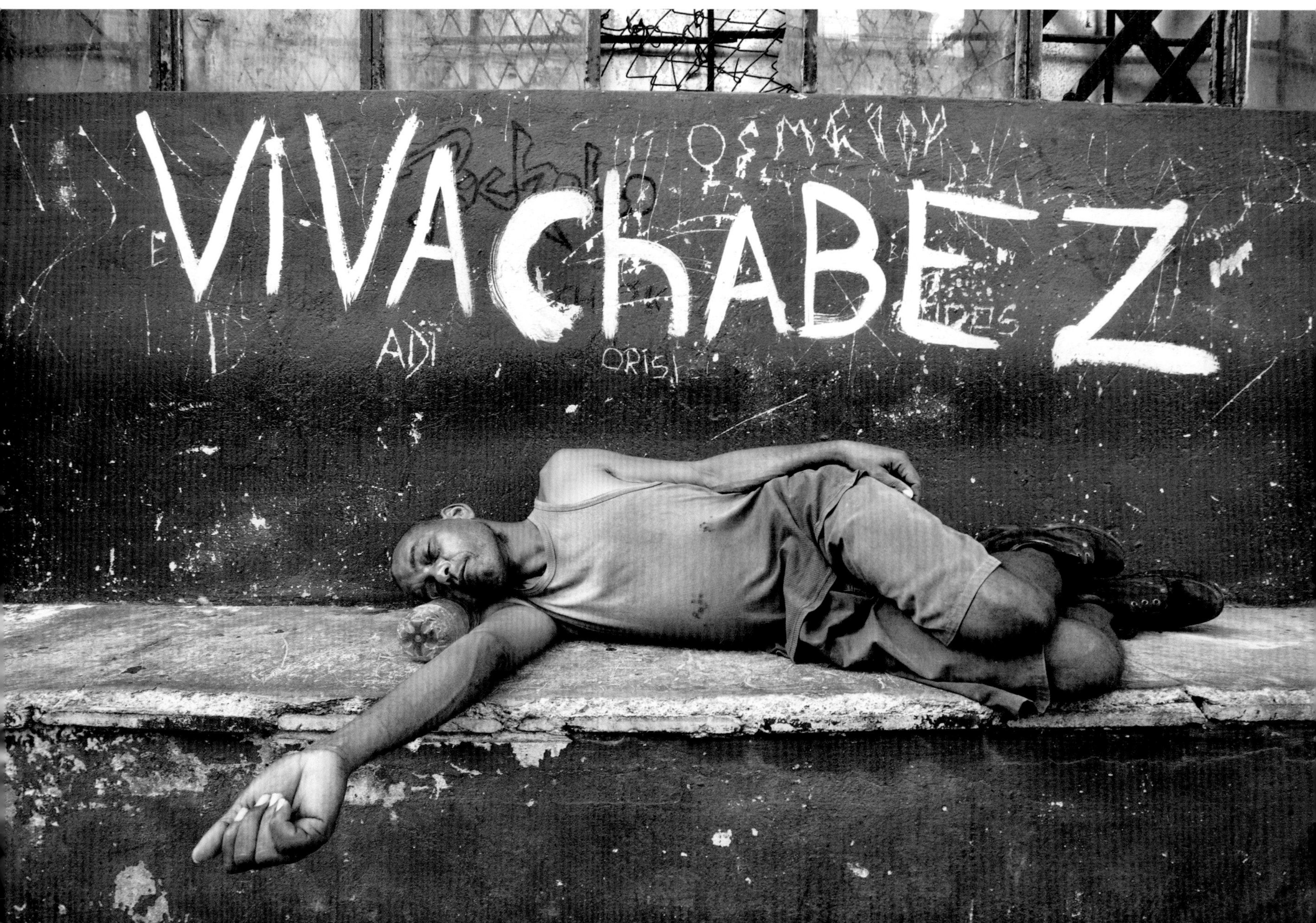

VIVA ChABEZ
ADI
ORISI

EIN BLICK IN DIE ZUKUNFT
LOOKING TO THE FUTURE

Die Zukunft ist für die Menschen in Kuba ungewisser denn je. Der sozialistische Traum von einem gerechteren Leben für alle Kubaner scheint ausgeträumt. Wer kann, verlässt das Land und sucht, so er die Möglichkeit hat, sein Glück in fast jedem anderen Land der Erde – nur nicht in Kuba. Wenn uns die kubanische Revolution eines gelehrt hat, dann ist es, dass Bildung alleine nicht satt macht.

Today, the future is more uncertain than ever for most Cubans. The socialist dream of a fair and equal life for everyone appears to have crumbled. Those who have the necessary resources leave the country to seek their fortunes in most any other country on Earth—anywhere but Cuba. If the Cuban Revolution has taught us anything, it's that education alone doesn't fill bellies.

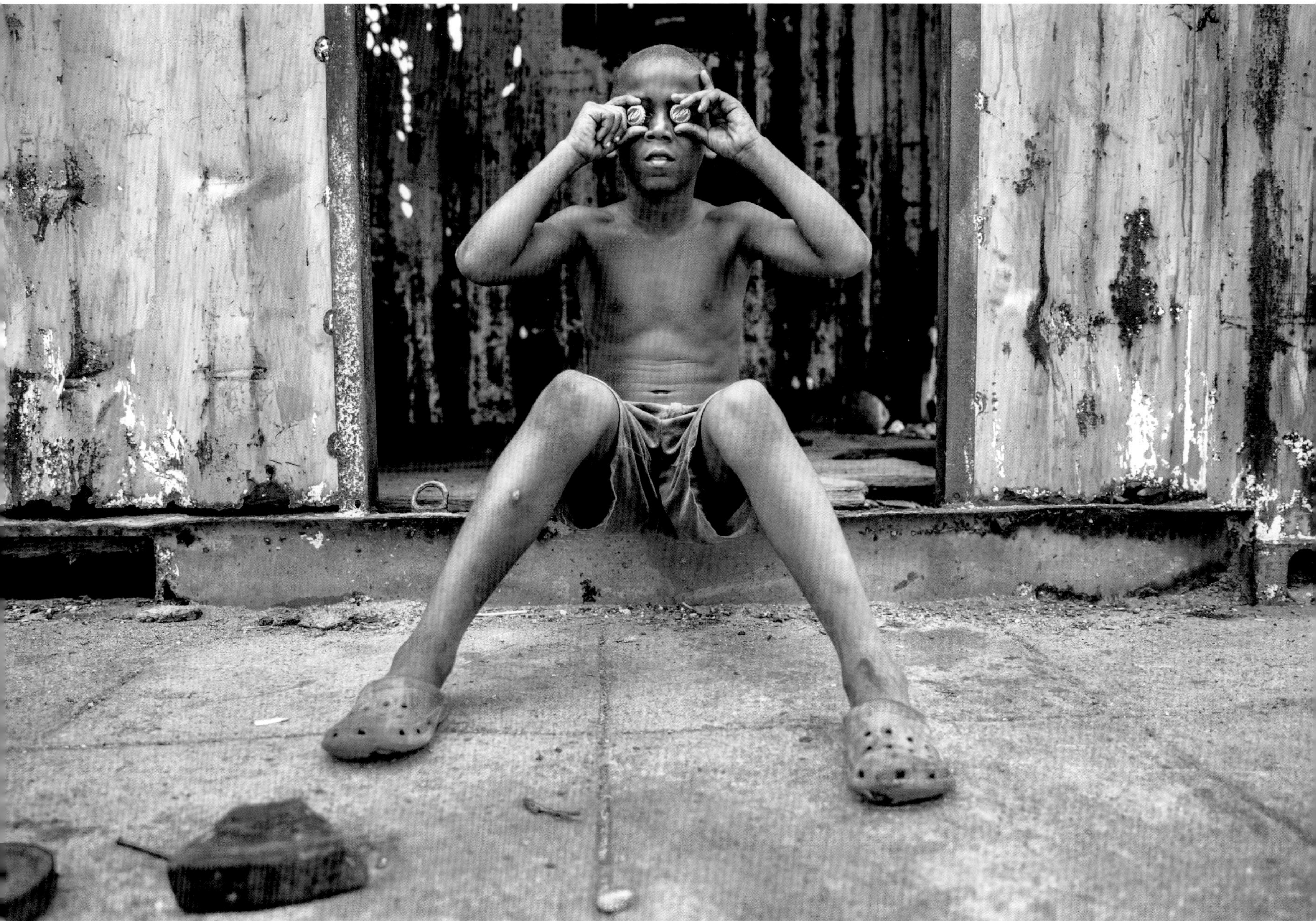

LEERE FLASCHEN ALS WANDSCHMUCK
EMPTY BOTTLES THAT DECORATE THE WALL

Oscar ist 63, verwitwet und leidet an Diabetes. Seine Tochter kümmert sich um ihn, wenn sie von der Arbeit im nahegelegenen Krankenhaus nach Hause kommt. Die leeren Flaschen, ordentlich an der Wand aufgereiht, sind seine Trophäen aus vergangenen Zeiten. Als er noch besser zu Fuß unterwegs war, hat er diese in den Straßen Havannas aufgesammelt. Außer einem billigen Rum aus der »cajita« (Schachtel), zu dem ihn vor einigen Jahren einmal ein Tourist eingeladen hat, ist er nie in den Genuss gekommen, einen guten Rum aus der Flasche zu genießen. Eine ganze Flasche alleine oder in Gesellschaft von Freunden zu trinken war ihm in seinem Leben nie vergönnt.

Oscar, a 63-year-old widower, suffers from diabetes. Every day, after her long shift at a nearby hospital, his daughter comes to take care of him. The empty bottles lining the wall are his trophies from better days. When Oscar was still able to walk, he collected these bottles from the streets of Havana. Other than the cheap rum in a »cajita« (carton) a tourist once gave him, he has never tasted good rum from a bottle. All his life, he never experienced the pleasure of drinking a bottle of rum, alone or in the company of friends.

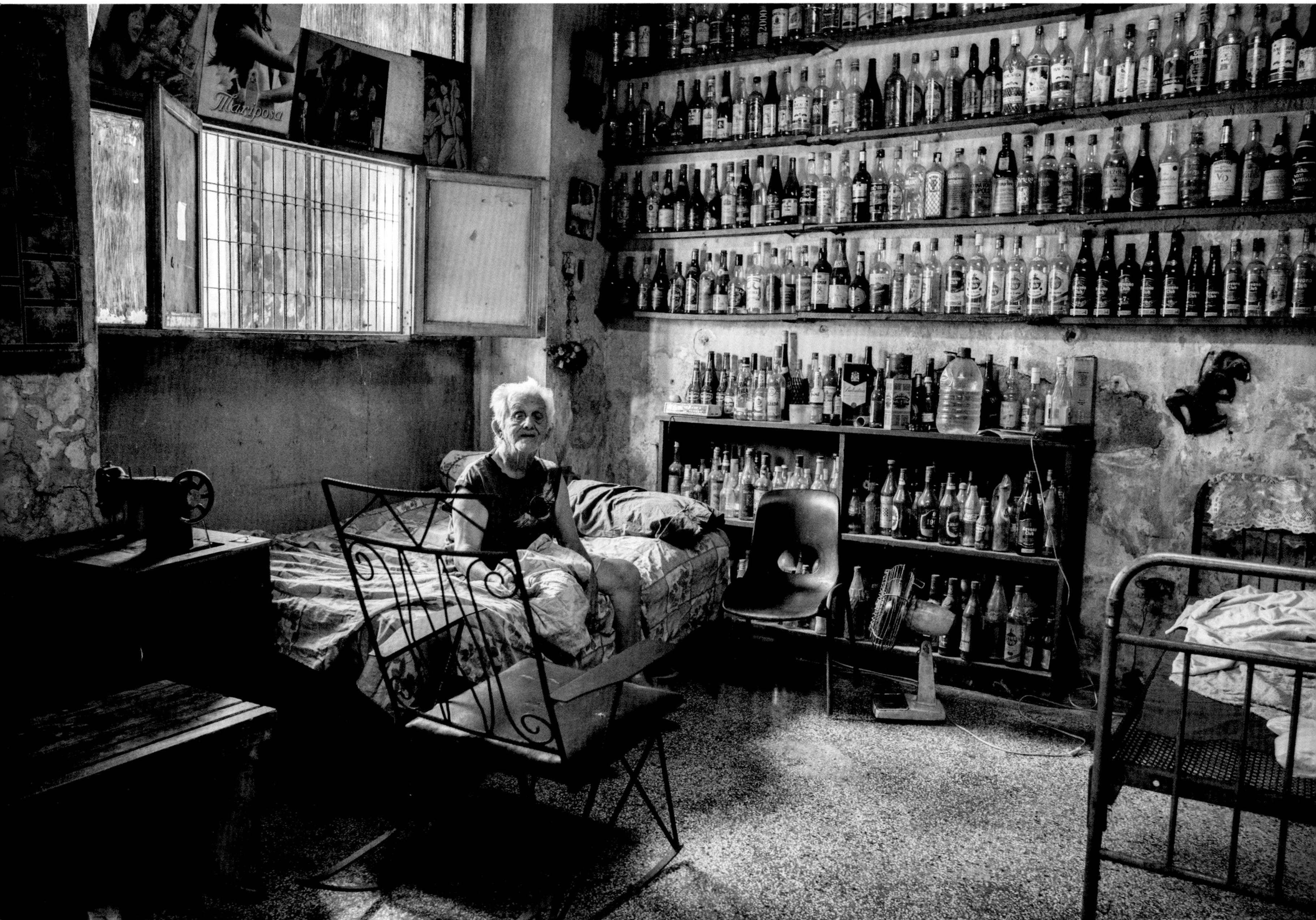

VON DER REVOLUTION ZUR RESIGNATION
FROM REVOLUTION TO RESIGNATION

Die ursprüngliche Begeisterung für die Revolution ist schon lange verflogen – die meisten Kubaner haben aufgegeben und sich mit der Situation abgefunden, Resignation hat sich breitgemacht. Es heißt zwar: »Die Hoffnung stirbt zuletzt«, aber das gilt nicht für Kuba. Hoffnung auf eine Verbesserung der Alltagssituation wird es vermutlich auch nach dem Ableben eines Raúl Castro, der im Hintergrund immer noch die Fäden zieht, nicht geben.

Eine interne politische Veränderung wurde faktisch unmöglich gemacht, da Andersdenkende schon immer mundtot gemacht wurden und es keinerlei Opposition im Land gibt.

Und die Jugend Kubas? Die interessiert sich nicht für Politik. Und wer nicht sein Glück durch die Flucht ins Ausland sucht, arrangiert sich mit der Situation eben, so gut es geht. Selbst für den neuen amerikanischen Präsidenten Joe Biden steht das kleine Land im Süden ganz hinten auf der Prioritätenliste – wenn überhaupt.

Die Menschen haben sich damit abgefunden. Schauen Sie in dieses Gesicht und Sie wissen, was ich meine.

Enthusiasm for the revolution has long since faded. Most Cubans have given up hope and have resigned themselves to life the way it is. The old adage »hope springs eternal« doesn't seem to apply in Cuba. There is little hope of improvement, even if Raúl Castro—who still pulls the strings of state—should finally bow out. Domestic political change is essentially impossible, as opposition has simply been stamped out over the years.

And what about Cuba's youth? The young aren't interested in politics, and those who don't try their luck abroad deal with the situation as best they can. Cuba is way down at the bottom of the US Government's list of priorities, if it's on there at all.

The Cuban people are resigned to the facts. Take a long look at this man's face and you will see what I mean.

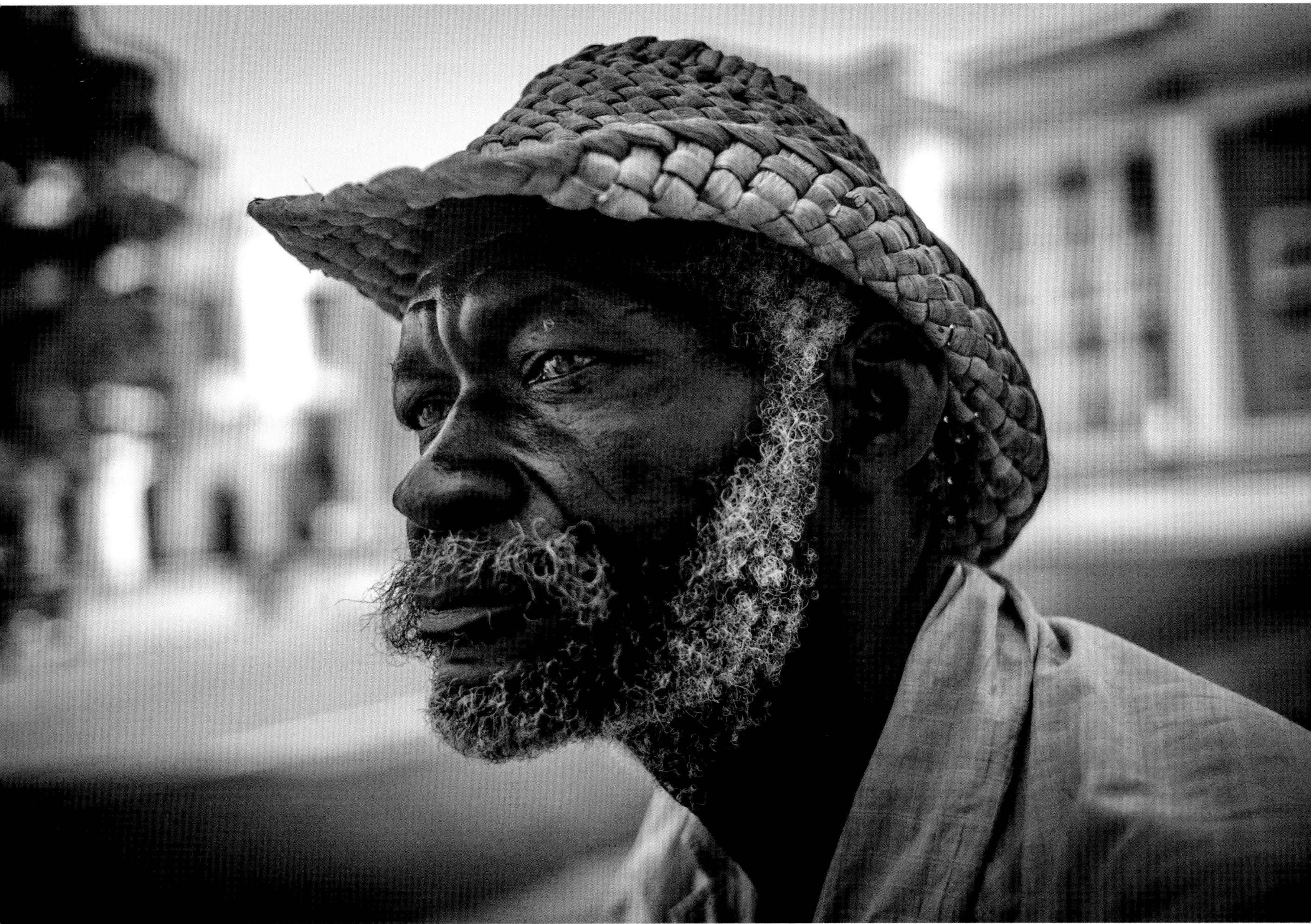

DRAG QUEEN SALMA UND DIE LGBT-GEMEINSCHAFT
DRAG QUEEN SALMA AND THE LGBT COMMUNITY

Drag Queen Salma posiert auf dem Bett
in einem Zimmer in Kuba. Obwohl Drag
Queens, ebenso wie ein Großteil der LGBT-
Szene in Kuba, in der Vergangenheit kaum
toleriert wurden, hat sich dies in den letzten
Jahren geändert, und viele Drag Queens
treten vor ausverkauften Häusern auf.

Drag queen Salma poses on a bed in a room
somewhere in Cuba. In the past, drag artists
and most of Cuba's LGBT scene were barely
tolerated, but attitudes are changing and
some drag artists now put on shows for
sold-out audiences.

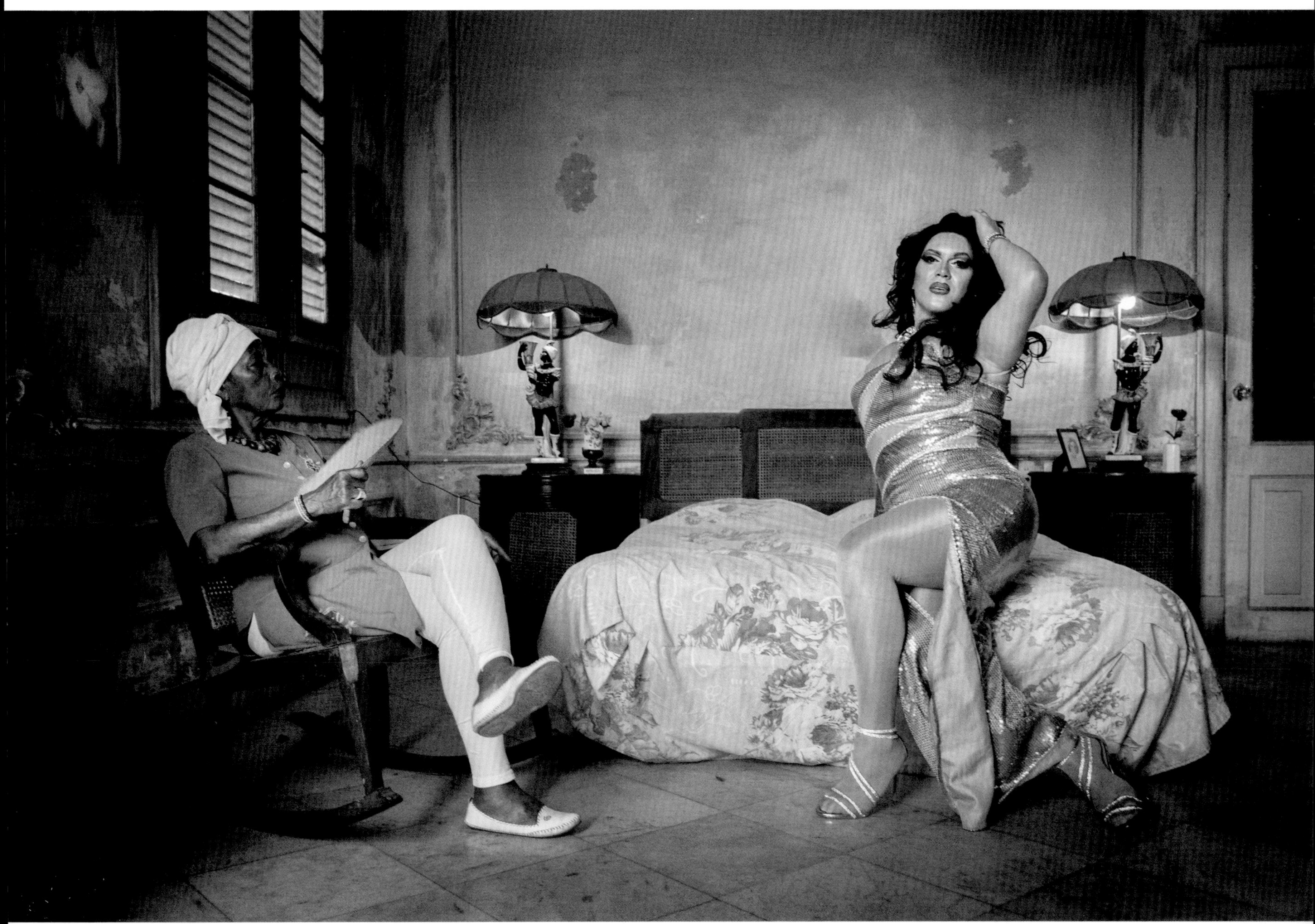

DER EWIGE STUDENT
THE ETERNAL STUDENT

»Guten Tag, darf ich Sie einmal etwas fragen?«, sprach mich der junge Mann in gebrochenem Deutsch von hinten an. Ich drehte mich um und betrachtete ihn von oben bis unten. Er war gut gekleidet und trug eine Gitarre und einige Bücher. Er stellte sich als Alberto vor, 26 Jahre und Student. Er erzählte mir weiter, dass er Deutsch studiere und in zwei Wochen seine Diplomprüfung absolvieren müsse. Leider, leider sei ihm gestern nun aber ein Malheur passiert, denn jemand hätte ihm seine Hefte und Schreibutensilien gestohlen. Nun könne er sich nicht vorbereiten. Ob ich ihm denn bitte zehn Dollar leihen könnte. Es war damals, in den ersten Wochen meines Kuba-Aufenthalts, und ich hatte Mitleid mit dem jungen Mann. Also gab ich ihm die gewünschten zehn Dollar. Er bedankte sich mit den Worten »Vielen herzlichen Dank« und zog von dannen.

Einige Monate später hörte ich die gleiche Stimme und die gleiche Geschichte wieder, aber dieses Mal wies ich den Bittsteller höflich ab, denn nun wusste ich, dass er mich anlog.

Er identifizierte mich als Deutschen an meinem Reiseführer: Kuba war mit »K« geschrieben, alle anderen schreiben es mit »C«!

I heard a voice coming from behind me speaking in broken German: »Good day, may I ask you a question?« I turned around and found a well-dressed young man carrying a stack of books and a guitar. He introduced himself as Alberto, a 26-year-old student. He told me he was studying German and that he was due to receive his diploma in two weeks time. Unfortunately, the day before he had suffered a terrible mishap and someone had stolen all his exercise books and pens, and he could no longer prepare for his final exam. He asked if I could lend him ten dollars. This encounter was during my first few weeks in Cuba and I felt sorry for the young man, so I pulled out my wallet and gave him ten dollars. He said, »Thank you very much« in German, and headed off.

Several months later the same voice told me the same story, but this time I knew it was a scam and I politely said no. I later realized the young man had noticed my travel guide with »Kuba« spelled with a »K« and he correctly identified me as German!

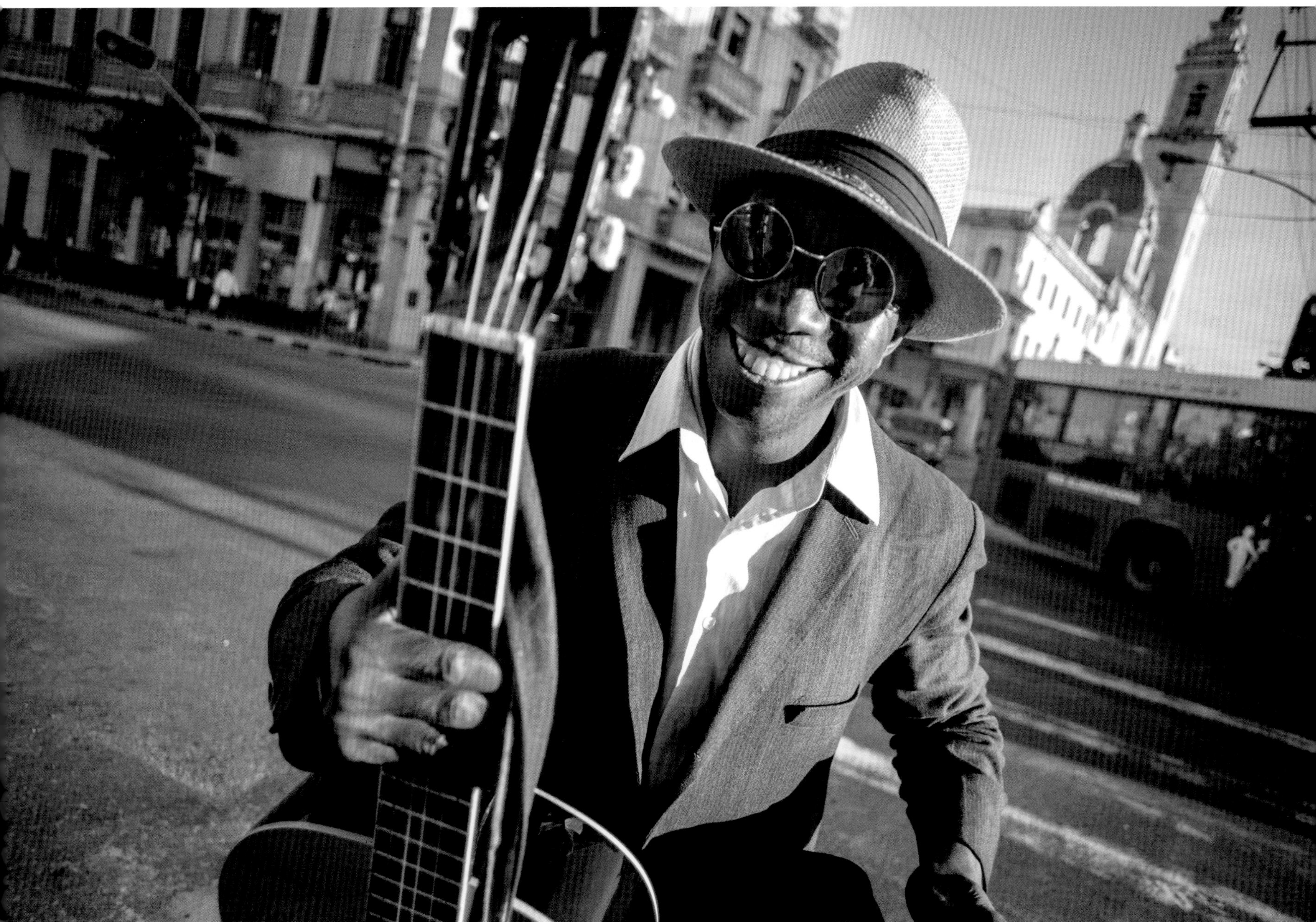

PAY-TV IN HAVANNA
PAY TV IN HAVANA

Alle Arten von Medien werden in Kuba streng zensiert und vom Staat kontrolliert. Dies bedeutet zwar, dass das Informationsspektrum stark eingeschränkt und voreingenommen ist, dafür werden jedoch auch Beiträge mit sozial wertvollen Inhalten produziert – zumindest aus der Sicht der Regierung –, die erfrischend frei von jeglicher Sorge um hohe Einschaltquoten und kommerziellen Erfolg sind.

Satellitenschüsseln gibt es in Kuba nicht, es sei denn, jemand baut sich – beispielsweise mit einer Radkappe vom Auto – selbst eine und versteckt diese irgendwo im Häuserdschungel von Havanna.

Paolo – hier auf dem Foto zu sehen – bietet einen eigenen Pay-TV-Kanal der besonderen Art an, der natürlich illegal ist: Einer seiner Leute geht von Haus zu Haus und kassiert zehn Dollar pro Monat. Dafür bekommt man ein Antennenkabel gelegt, das von Wohnung zu Wohnung durchgeschleift wird und seinen Ursprung vermutlich in einem Hotel hat, in dem Auslandsfernsehen erlaubt ist.

All media in Cuba are controlled by the state and are strictly censored. This creates bias and limits the scope of the available information, but it also means the content is often socially beneficial —in the government's opinion, at least— and is produced without a care for ratings or commercial success.

Satellite dishes are rare in Cuba, although some resourceful citizens build their own —often out of a hubcap— and hide them from sight among Havana's maze of houses.

This image shows Paolo, who has his own (illegal) pay TV channel. His people go from house to house and collect ten dollars per month from each home. His customers then get access to a cable that is daisy chained from apartment to apartment, and probably originates in a hotel where foreign programs are allowed.

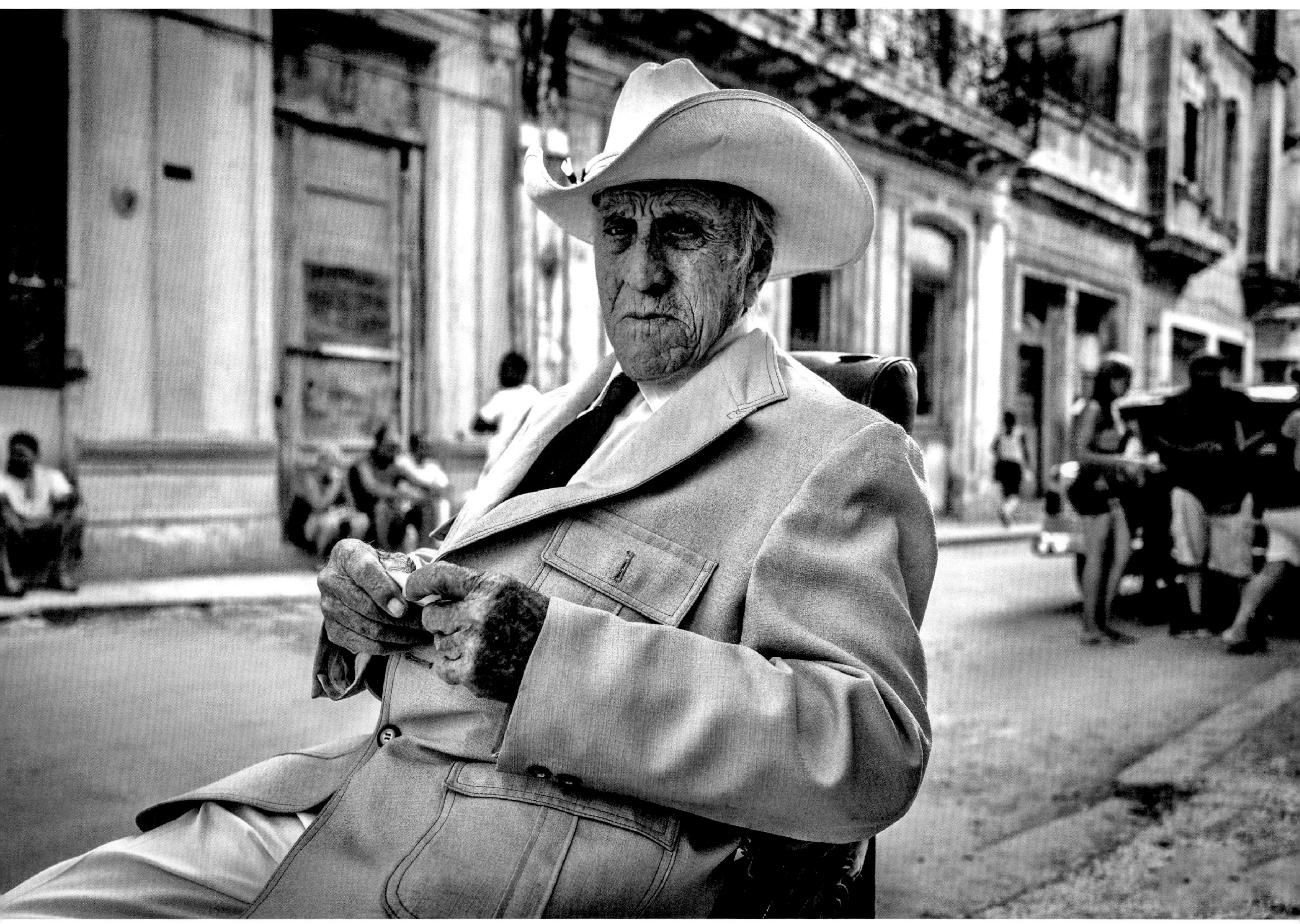

WIE MAN ARBEITSLOSIGKEIT BESEITIGT
REDUCING UNEMPLOYMENT CUBAN STYLE

Juan Pedro besitzt seit vielen Jahren ein altes Ruderboot in Baracoa. Damit bringt er Touristen von der Mündung des Rio Miel zu einer Sandbank. Für seinen Service nimmt er 5 Dollar. Eine Stunde später holt er sie dann wieder ab. In der Hochsaison machte er manchmal fünf Fahrten am Tag und verdiente dabei 25 Dollar täglich. Ein tolles Geschäft, wenn man bedenkt, dass der normale Kubaner etwa diese Summe pro Monat verdient.

Das hat der Staat natürlich irgendwann auch mitbekommen, das Gebiet rund um den Rio Miel zum Nationalpark erklärt und Juan Pedro als staatlichen Bootsführer mit eigenem Boot eingestellt. Er musste das Angebot annehmen – da hatte er keine andere Wahl.

Jetzt verkaufen zwei neu eingestellte Kollegen von ihm die Tickets für jeweils 5 Dollar und Juan Pedro rudert nach wie vor seine vier bis fünf Touren am Tag. Da er nun beim kubanischen Staat angestellt ist, bekommt er ein regelmäßiges Gehalt von 25 Dollar – im Monat, so wie seine beiden neuen Kollegen auch. Auf diese Art werden Arbeitsplätze geschaffen. Wenn keine Saison war, legte sich Juan Pedro früher in die Hängematte.

For many years, Juan Pedro used his rowboat to ferry tourists from the mouth of the Rio Miel in Baracoa to a sand bank where they could relax for an hour in unspoiled natural surroundings. He charged 5 dollars and made as many as five round-trips a day. An income of 25 dollars a day is fantastic in a country where most people only earn that much in a month.

Of course, the state eventually got wise and transformed the area around Rio Miel into a national park, where they now employ Juan Pedro as an official ferryman with his own boat. It was an offer he couldn't refuse.

Two new co-workers now sell the official tickets for 5 dollars apiece and Juan Pedro still rows back and forth four or five times a day, just like before—only now, he and his colleagues each receive an official salary of 25 dollars per month! This is how the Cuban state creates jobs. Back in the day, Juan Pedro spent much of the low season in his hammock.

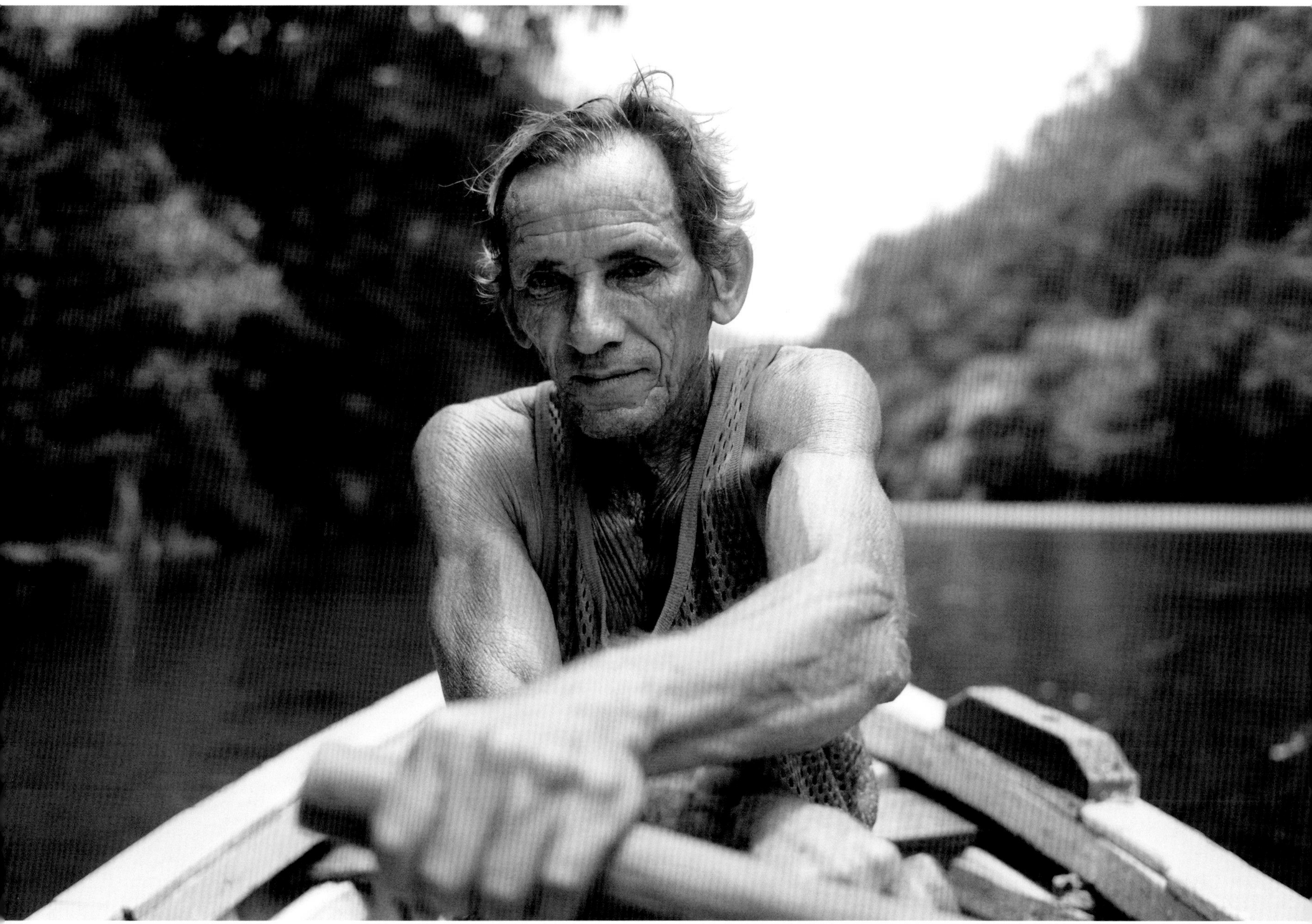

MEIN FREUND FIDEL LOPEZ
MY FRIEND FIDEL LOPEZ

Er war ein Teil vom Malecón, der Ufer-
mauer Havannas – und der Malecón war
ein Teil von ihm. Sein Konterfei ziert einige
Kuba-Reiseführer weltweit. Auf dem Foto
gibt er mir zusammen mit »BongBong«
eine Sondervorstellung von »El Cuarto de
Tula«, bekannt geworden durch den Buena
Vista Social Club. Fidel Lopez war jeden
Tag am Malecón anzutreffen, zuverlässig
immer dann am Nachmittag, wenn die Hitze
langsam nachließ. Eines Samstags kaufte
er sich von dem wenigen Trinkgeld, das er
sich durch sein Gitarrenspiel verdient hatte,
eine Flasche Rum, schwankte nach Hause,
stürzte die zerfallene Holztreppe hinab und
brach sich das Genick.

Er wohnte in einer Ruine direkt gegenüber dem Malecón, die dem Luxushotel
»Prado-Malecón« weichen musste.

He was part of the Malecón, Havana's
harbor wall, and the Malecón was part of
him. Fidel Lopez's portrait can be found on
the cover of many travel guides around the
world. This image shows Fidel and his friend
»BongBong« performing an exclusive versi-
on of »El Cuarto de Tula«—a song that found
fame through the Buena Vista Social Club.
Fidel could always be found at the Malecón
in the afternoons when the heat began to
fade. One Saturday he bought a bottle of
rum with the pennies he had earned playing
his guitar, staggered home, fell down the
crumbling stairs, and broke his neck.

He used to live opposite the Malecón in
a ruin that has since been torn down and
replaced by the luxurious »Prado-Malecón«
hotel.

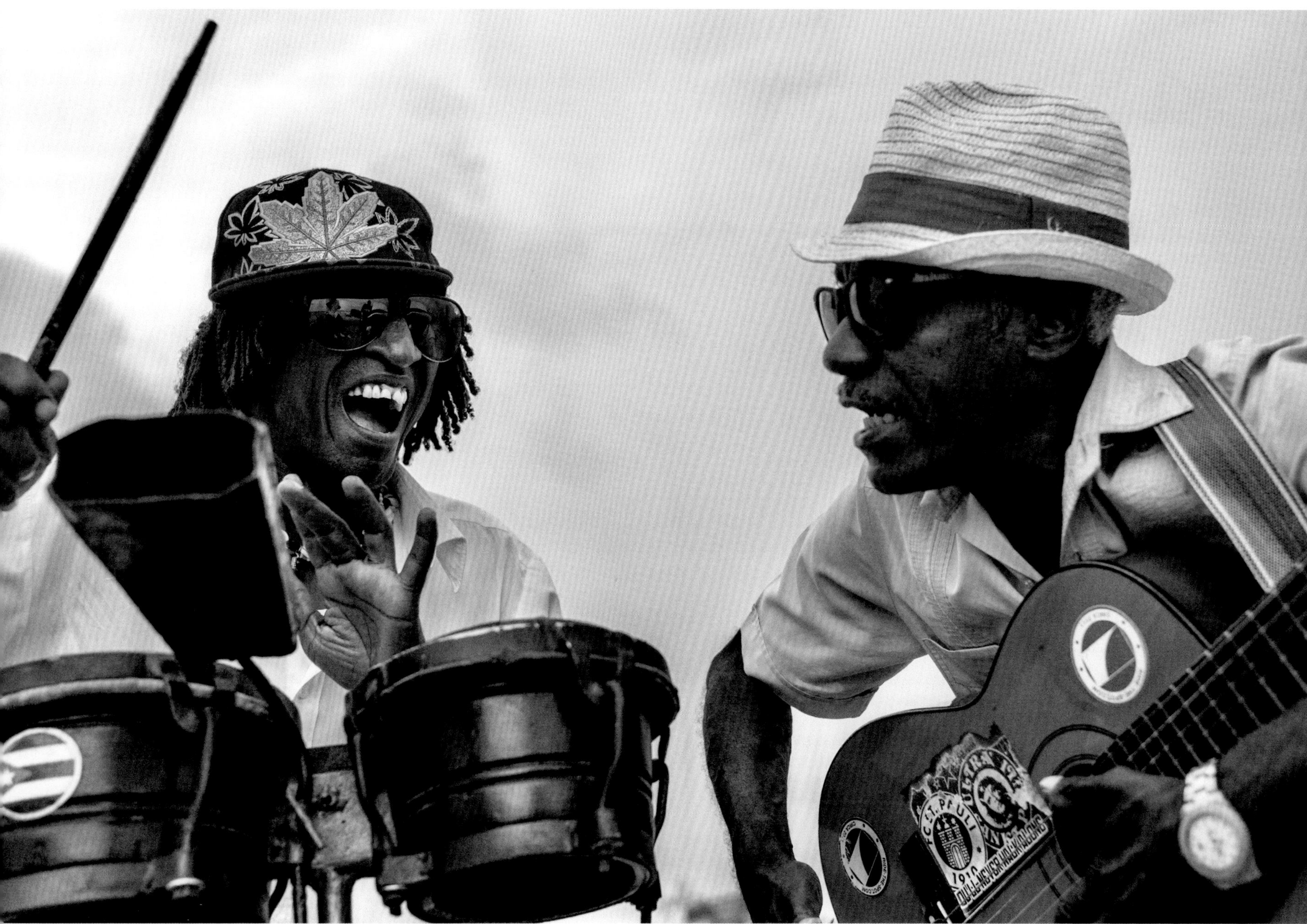

DAS LEBEN KANN GANZ SCHÖN LUSTIG SEIN

LIFE CAN BE SO FUNNY

Es war ein ganz besonderer Tag für Odalis in Alt-Havanna. Am frühen Morgen kam die Polizei mit einem Großaufgebot und beschlagnahmte ihren Kühlschrank sowie diverse Gerätschaften aus ihrem Haushalt. Denn Odalis hatte illegal Shrimps (»camarones«) an die Nachbarn verkauft. Diese dürfte sie eigentlich gar nicht besitzen, weil diese Art Lebensmittel nur den Touristen vorbehalten sind. Ein Neider hatte sie verpfiffen und die Polizei rückte an. Odalis war verzweifelt, musste sie zu dem Verlust der Gegenstände doch auch noch eine heftige Geldstrafe bezahlen. Sie protestierte lautstark und war hinauf bis zum Capitolio zu hören.

Als sie sich nach Stunden beruhigt hatte, fasste sie sich ein Herz und ging schnurstracks zum Polizeipräsidenten. Sie machte ihm ein Angebot, das selbst er nicht ablehnen konnte: ein Pfund Shrimps gegen die Einstellung des Verfahrens. Der Polizeipräsident nahm die Shrimps entgegen und willigte ein. Odalis bekam alles zurück und musste keinen Peso bezahlen. Sie hatte den Deal ihres Lebens gemacht.

Odalis, who lives in Havana's old town, was having an unusual day. In the early morning, a police squad came to confiscate her refrigerator and a number of other household items. Odalis had been selling »camarones« (shrimp) to her neighbors, which isn't allowed because luxury food is reserved for tourists. A suspicious neighbor had snitched on her and the police moved in. Odalis was desperate—not only had she lost all her most valuable possessions, she also would have to pay a hefty fine. She protested bitterly and you could hear her wail all the way to the Capitolio.

Hours later when she had calmed down, she took courage and headed directly to the office of the chief of police. She made him an offer that even he couldn't refuse: a pound of shrimp if he dropped the case. The police chief accepted the offer and Odalis got all her belongings back, and she didn't have to pay a penny. It was the deal of a lifetime.

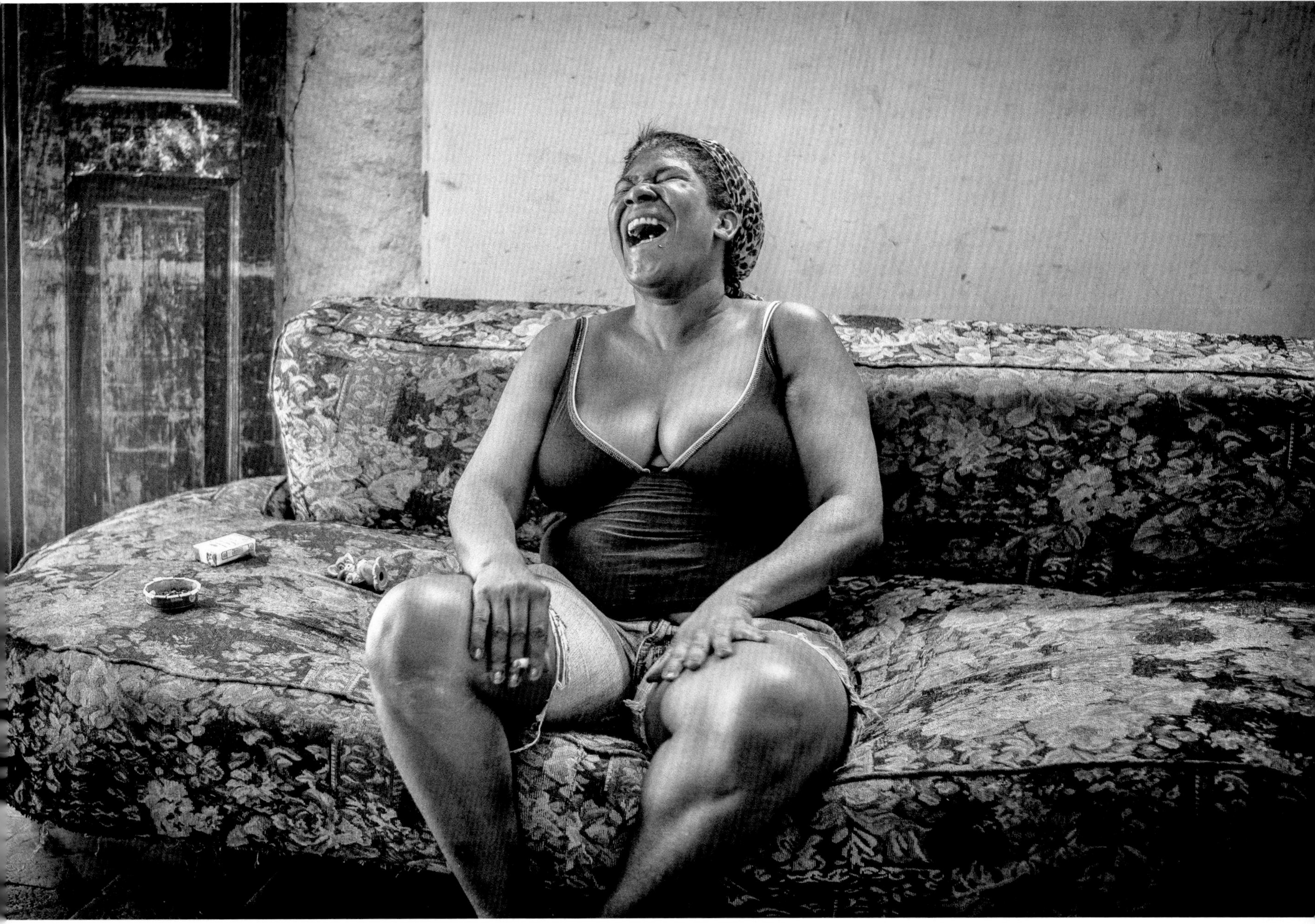

VOR DEM ENTSCHEIDENDEN KAMPF
BEFORE THE FINAL FIGHT

Kuba ist bekannt für seine großen Boxer. Der bekannteste war Teófilo Francisco Stevenson, dreifacher Olympiasieger und Amateur-Weltmeister. Er ist immer noch ein großes Vorbild und Motivation für die Jungen aus ganz Kuba. Jeder junge Boxer möchte eines Tages nach Havanna in das »Campeo de Boxeo Rafael Trejo« in der »Calle Cuba« eingeladen werden, um dort an der Meisterschaft für Junioren teilzunehmen. Damian hat es fast geschafft. Nur noch einen Gegner schlagen, dann steht er im Endkampf.

Cuba is known for their boxing champions, the most famous being Teofilo Francisco Stevenson, a three-time Olympic gold medalist. He is still an idol, a role model, and a motivational figure for young Cubans. Every young boxer dreams of one day making the cut to compete in the Junior Championships at the Rafael Trejo Boxing Gym in »Calle Cuba«. Damian has almost made it:
One more win and he will be a finalist.

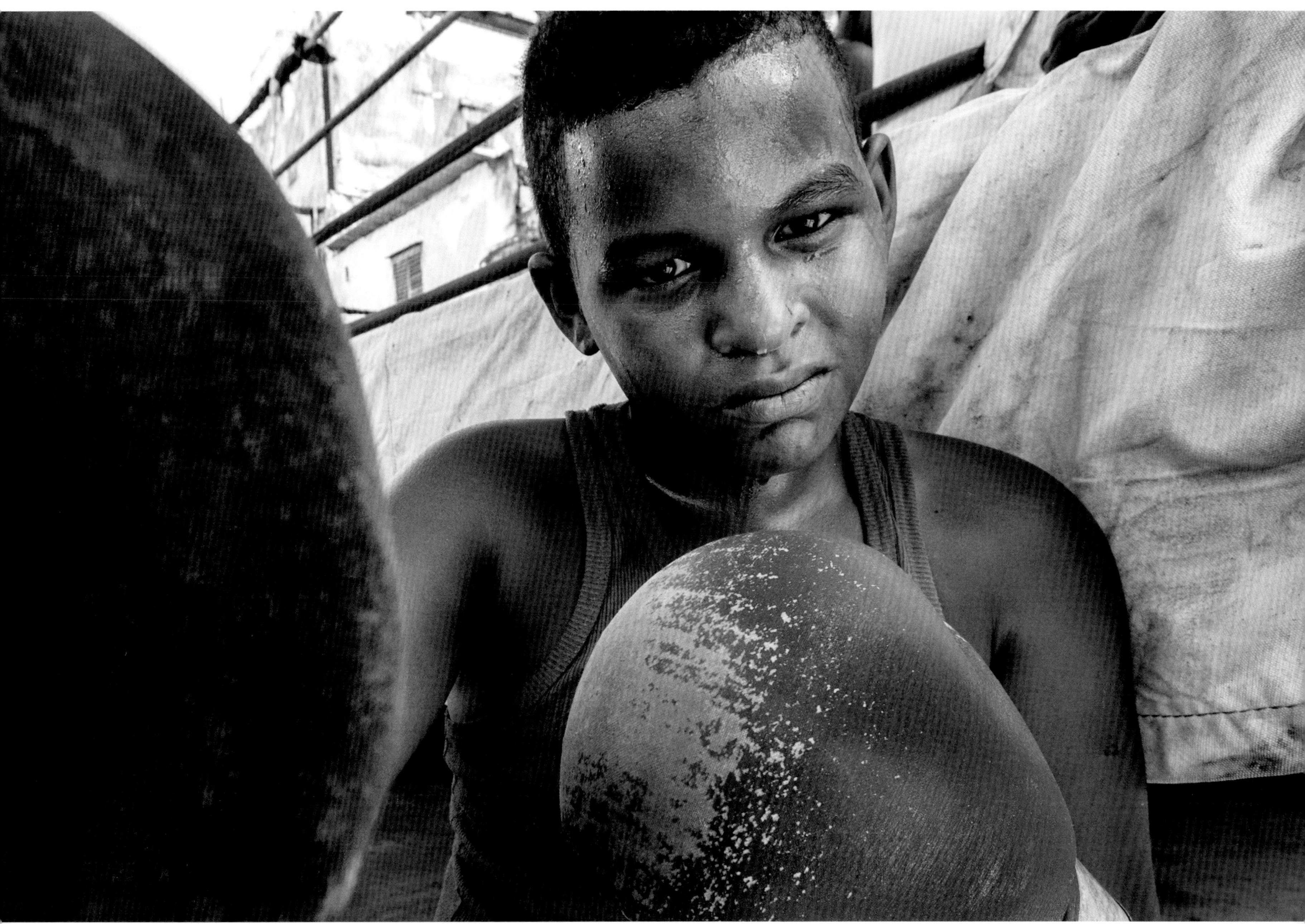

SPANISCHER TANZ
SPANISH DANCE

Jeden Nachmittag, so gegen 16 Uhr, wenn die Schule aus ist, wird das Leben in den Straßen von Havanna noch lebendiger, als es ohnehin schon ist. Die Jungs begeben sich dann meistens zu einem Sportplatz zum »beisbol«-Training, während viele Mütter und Väter ihre Töchter zu einer der vielen Tanzschulen bringen, die sich über Havanna verteilen.

Die Mädchen gehören allen Bevölkerungsschichten an, ob weiß, schwarz oder Mulattinnen. Im Tanzkurs sind sie alle gleich. Die Mädchen werden nach dem Alter gruppiert, die jeweilige Gruppe kann man an der Farbe der Haarspange erkennen. Bevor die Mädchen die Tanzbühne betreten dürfen, ist aber zuerst einmal Warten auf der Straße angesagt. Dort verbringen sie die Zeit mit ihren Eltern oder probieren die gelernten Schritte der letzten Tage aus. Dann irgendwann ist es so weit, die Klingel ertönt und automatisch reihen sie sich vor der Eingangstür ein, um endlich Einlass zu erhalten. Es ist immer eine Freude für mich, die gemütliche Hektik der wartenden Tänzerinnen zu beobachten.

At about four o'clock in the afternoon, when school ends, life on Havana's streets becomes even livelier than usual. Most of the boys head off to the sports fields to practice »beisbol« while countless parents take their daughters to one of the many dance schools scattered throughout the city.

The girls come from a diverse range of backgrounds but any differences between them disappear while they dance. They are placed in groups according to age, which is denoted by the color of their hair clips. Before they are allowed on stage, the girls have to wait in the street where they chat with their parents or practice the dance moves they have already learned. Eventually, the bell rings and they line up at the door, ready to file in. I love watching the animated bustle of the waiting dancers.

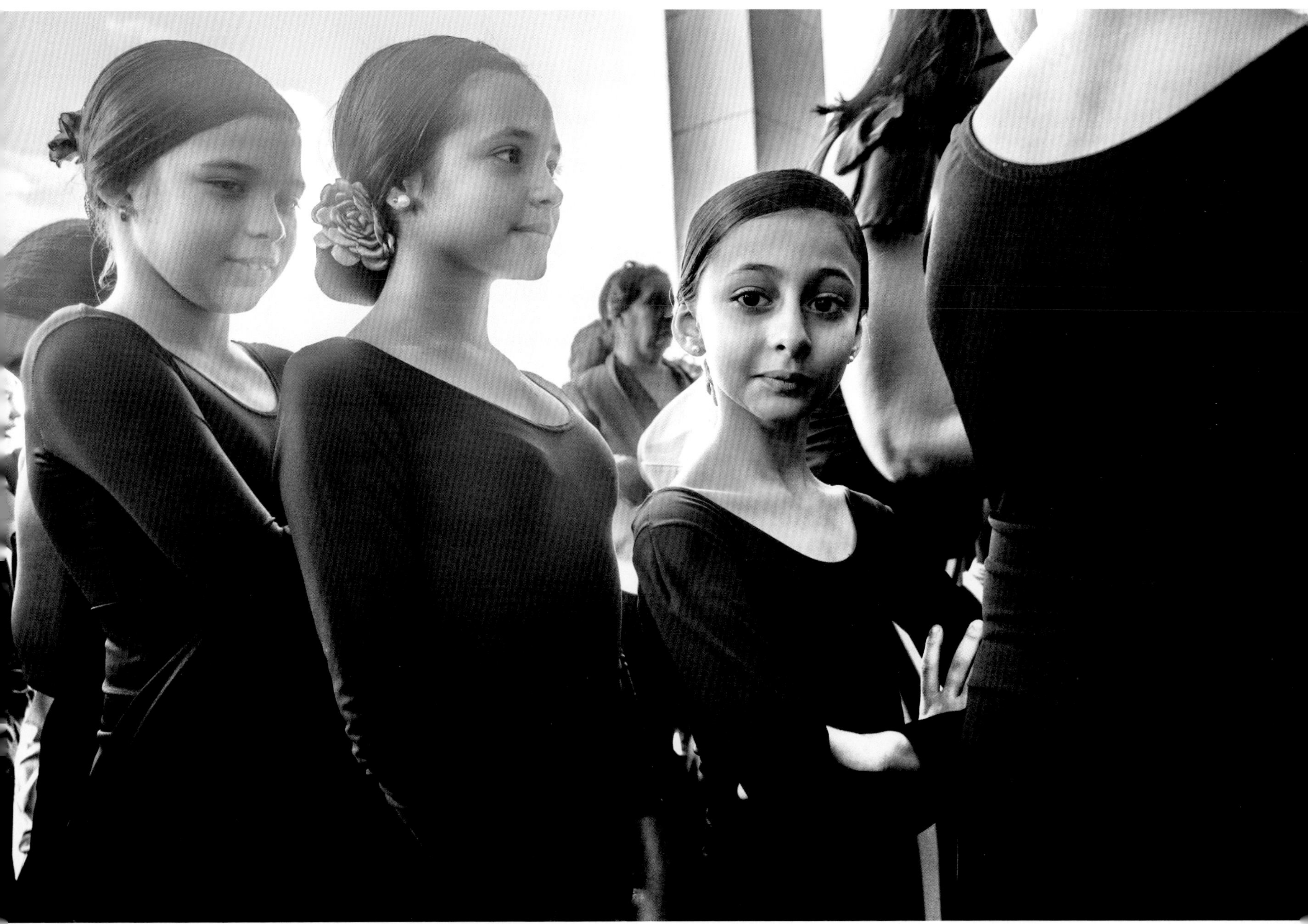

FISCHER AM MALECÓN
ANGLERS AT THE MALECÓN

Angeln gilt in unserer Gesellschaft in erster Linie als Hobby. Die meisten Angler, die ich in meinem Leben kennenlernen durfte, essen die Fische die sie fangen noch nicht einmal. In Kuba ist das etwas anderes. Wer hier Angelzeug besitzt, geht an den Malecón, mit dem Ziel sich ein Abendessen zu fangen. Oft dienen auch aufgeblasene Schläuche aus LKW-Reifen oder selbstgebastelte Styroporboote als Hilfsmittel, um darauf, in ruhigeren Gewässern treibend, einen guten Fang zu machen.

In our society, fishing is primarily a hobby. Most of the anglers I've met in my life don't even eat the fish they catch. It's different in Cuba. Anyone who has fishing gear goes to the Malecon with the aim of catching dinner. Inner tubes from old truck tires and self-made Styrofoam boats are often used to make a good catch in calmer waters.

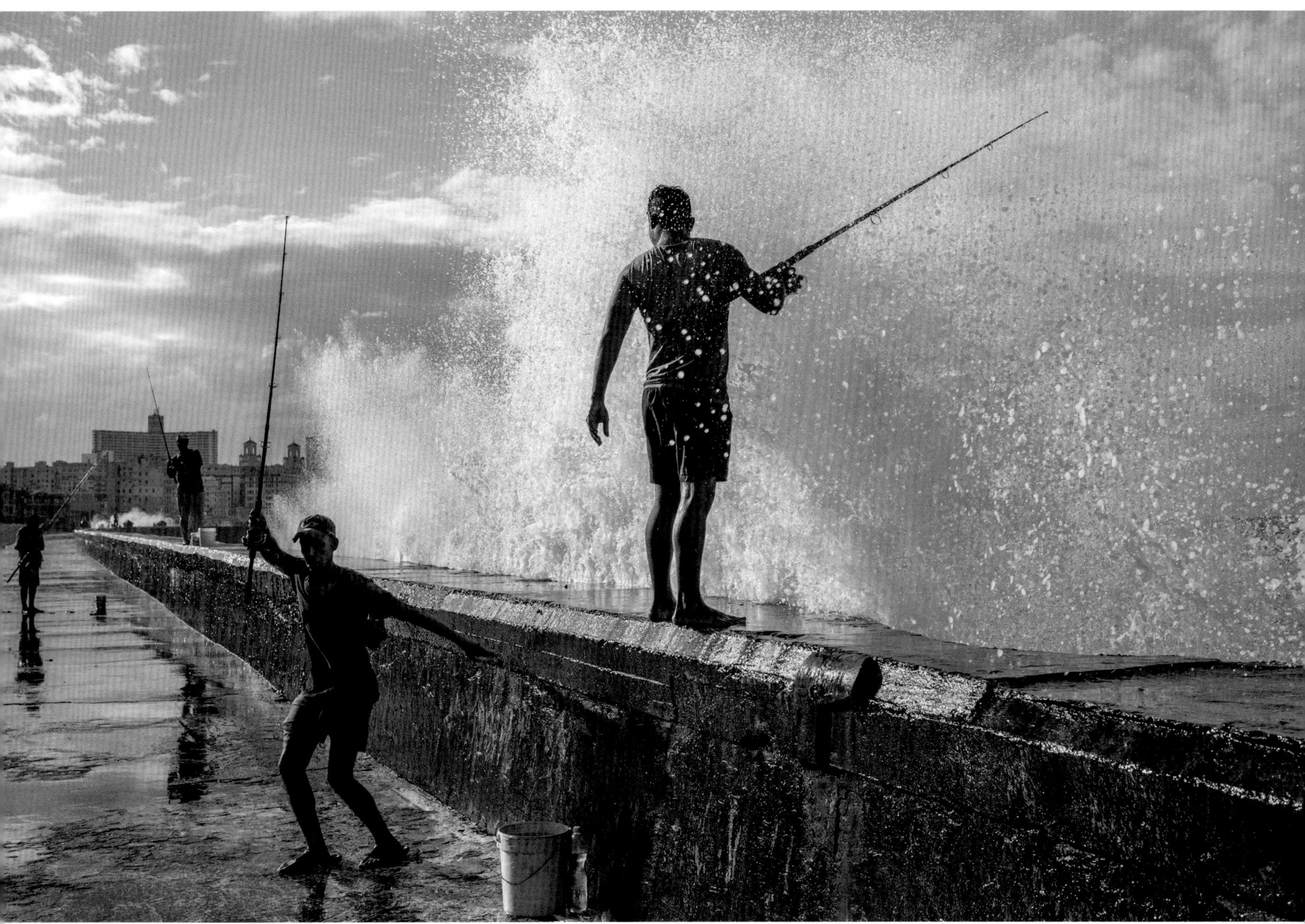

REPARATUR MIT HINDERNISSEN
TRICKY REPAIRS

Yoel fährt ein altes Taxi, an dem ständig herumgebastelt werden muss. Einmal pro Jahr steht bei dem Chevrolet Bel Air 55 die staatliche Inspektion an, um die Verkehrssicherheit überprüfen zu lassen. Letzte Woche wurde er wegen technischer Mängel abgewiesen. Da es in der Zulassungsstelle nur so von Beamten wimmelte, konnte er dem Prüfer kein Geldgeschenk zukommen lassen. Nun ist Yoel gezwungen, jemanden zu finden, der den Wagen repariert. Denn wenn er das Schaltgestänge mit der monierten Schweißnaht nicht austauschen lässt, verliert er seine Zulassung, Personen zu befördern.

Yoel kennt jemanden, der in einer Fabrik arbeitet, und zwei Tage später ist das neue Teil da und könnte eingebaut werden. Das Problem ist nur, dass Yoel für das Teil keine Rechnung vorweisen kann. Bei einer Polizeikontrolle hätte das unangenehme Folgen für ihn.

Am nächsten Tag steht Yoel um drei Uhr in der Nacht auf und macht sich mit seinem Sohn Yoelito auf den Weg zur Werkstatt. Um diese Zeit kann er sicher sein, dass die Polizei noch keine Kontrollen durchführt. Gegen Mittag sind sie wieder zurück, das Teil ist eingebaut.

Yoel drives an old taxi that requires constant repairs. For economic reasons, his Chevrolet has to pass an annual inspection to prove its roadworthiness. Unfortunately, this time his car failed the test. The licensing office is always full of plainclothes police officers, so he couldn't risk bribing the inspector for a free pass. He had to find someone who actually could fix his car. He was given two weeks in which to repair the problematic weld in the shift linkage—otherwise he would lose his taxi license, which would be a disaster for him and his single-income family.

Yoel knows someone who knows someone who works in a factory and, two days later, the new car part was ready to be installed by a specialist mechanic. The problem was that he couldn't get an official invoice for the part, which can cause issues if the police stop him for a spot check—something that happens regularly in Cuba.

The next day, Yoel and his son Yoelito got up at 3:00 a.m. and headed to the repair shop outside of old town. At that time of the morning he could be sure the police wouldn't stop him. Around midday, they returned home with the new part in place.

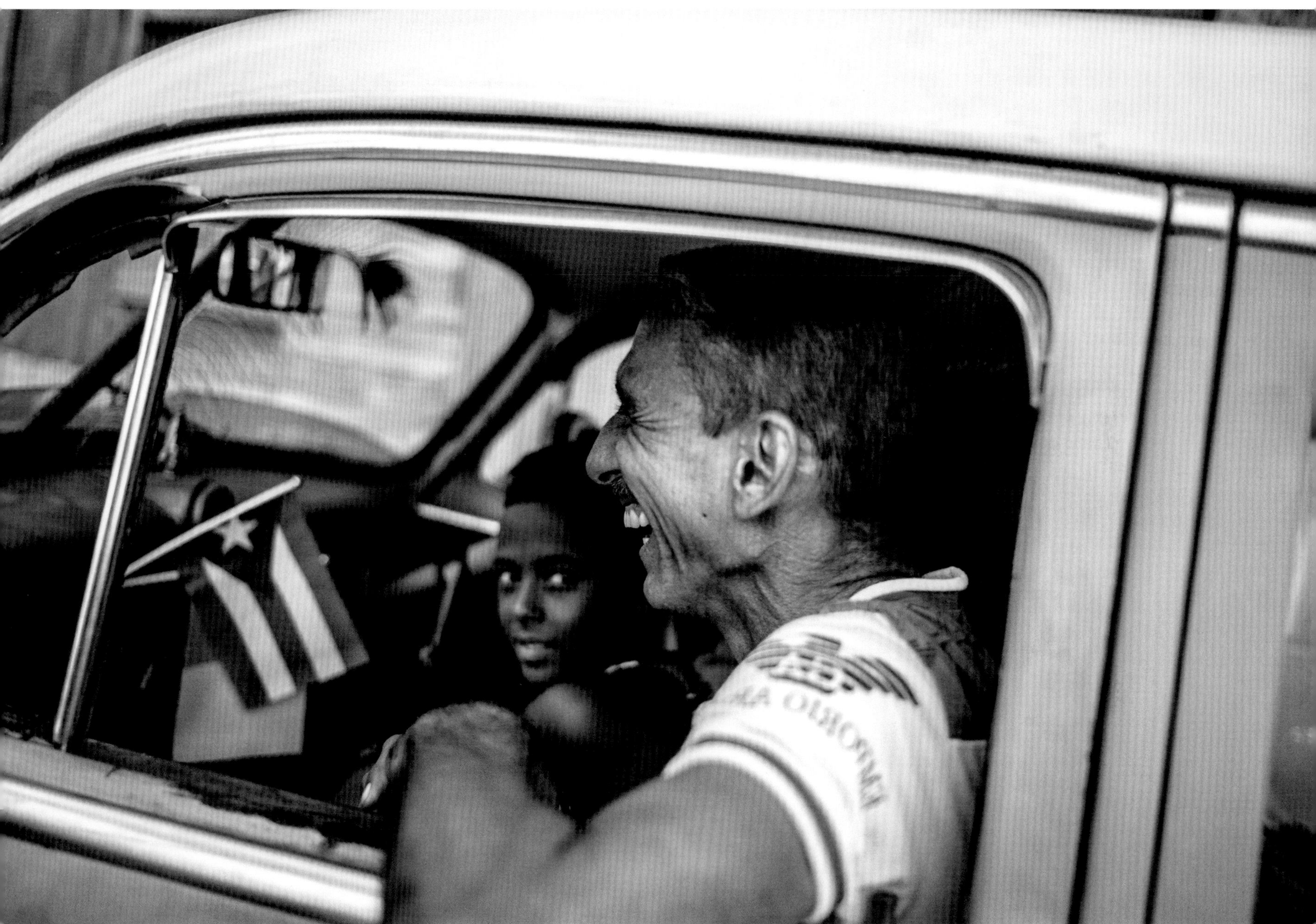

VERLOBTER GESUCHT
LOOKING FOR A FIANCÉ

Lazara sprach mich aus ihrem Auto heraus an. Das übliche »Where are you from?« – und schon waren wir im Gespräch. Ob ich verheiratet sei, und wenn nicht, ob wir denn nicht heiraten sollten. Mit einer Kubanerin als Frau könnte ich mir dann ein Haus in Havanna kaufen. Leider musste ich ihr Angebot ablehnen, denn ich hatte nicht das Bedürfnis nach Wohneigentum in Kuba. Es würde mir ohnehin nie gehören.

Lazara called to me from her car—the usual, »Where are you from?«—and the ice was broken. She asked if I was married and, if not, if I would like to marry her. After all, having a Cuban wife would enable me to buy a house in Havana. I wasn't in the market for Cuban real estate, so I declined. A house bought this way wouldn't actually belong to me anyway.

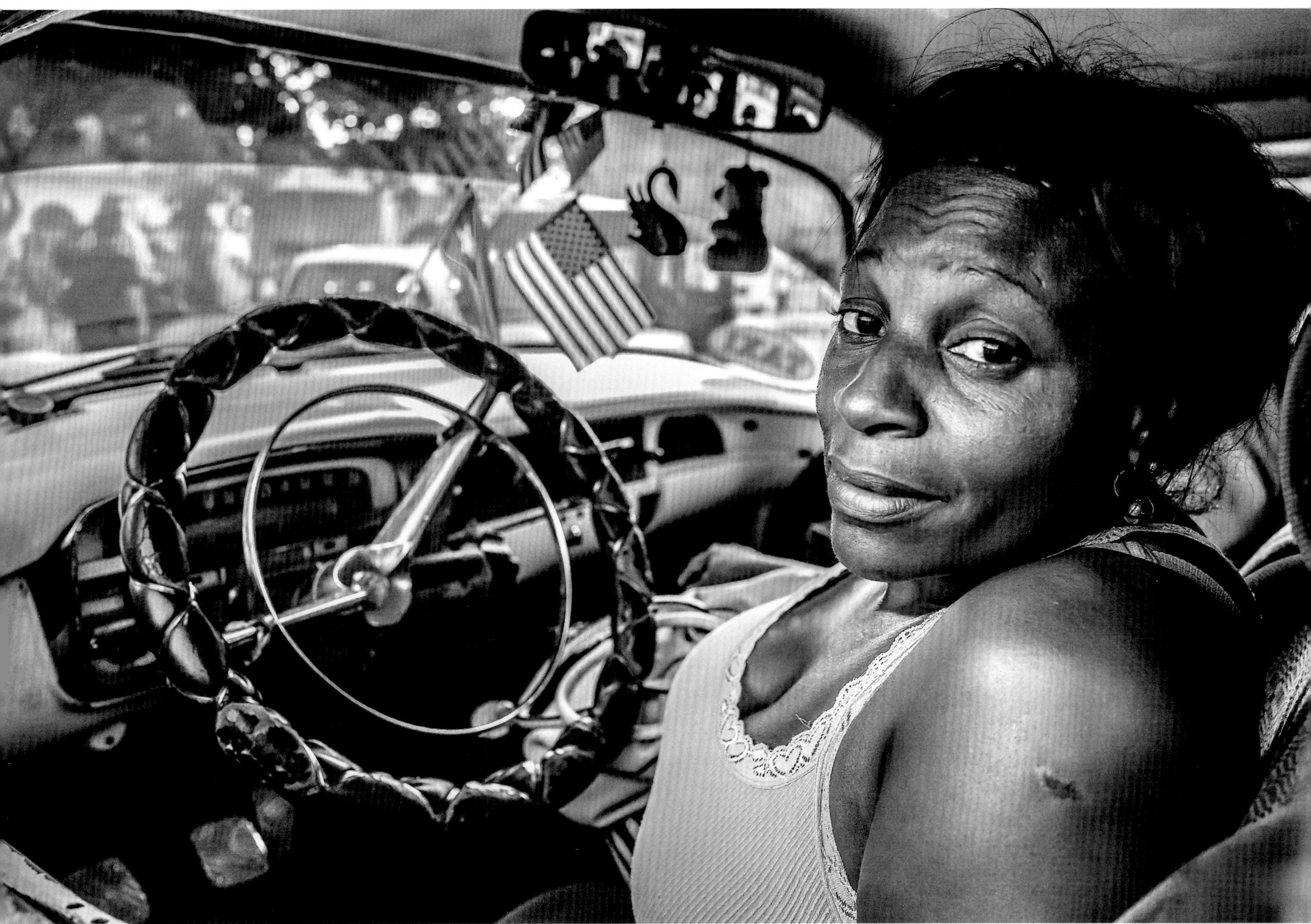

TAGTRÄUME
DAYDREAMS

Die kleine Fähre »lanchita« ist nicht nur notwendiges Transportmittel für die Arbeiter, um von Casablanca oder Regla nach Havanna und zurück nach Hause zu kommen, sondern regt auch an, von der großen weiten Welt zu träumen.

Meine Frau lebte zehn Jahre in Marianao, bevor wir uns 2014 in Havanna kennenlernten. Havanna, die Hauptstadt, war ihr zuvor völlig unbekannt. Auch hatte sie noch nie in ihrem Leben die kleine Fähre benutzt. Als wir zum ersten Mal mit ihrer Tochter und deren Freundin hinüber nach Regla fuhren, schauten beide verträumt aus dem Fenster. Auf meine Frage was denn los sei, antwortete die Kleine: »Gerade stelle ich mir vor, wir würden in New York ankommen«.

The little ferry, or »la lanchita« as the locals call it, is not only a means of transport for workers who need to get from Casablanca or Regla to Havana and back, it also inspires people to dream of the wider world.

My wife lived in Marianao for ten years before we met in Havana in 2014 and, up until then, she knew nothing about Havana and had never taken the ferry. The first time we took the lanchita to Regla with her daughter and a friend, they both spent the journey looking dreamily out of the window. When I asked what was going on, the little girl replied, »Right now, I'm imagining we're arriving in New York«.

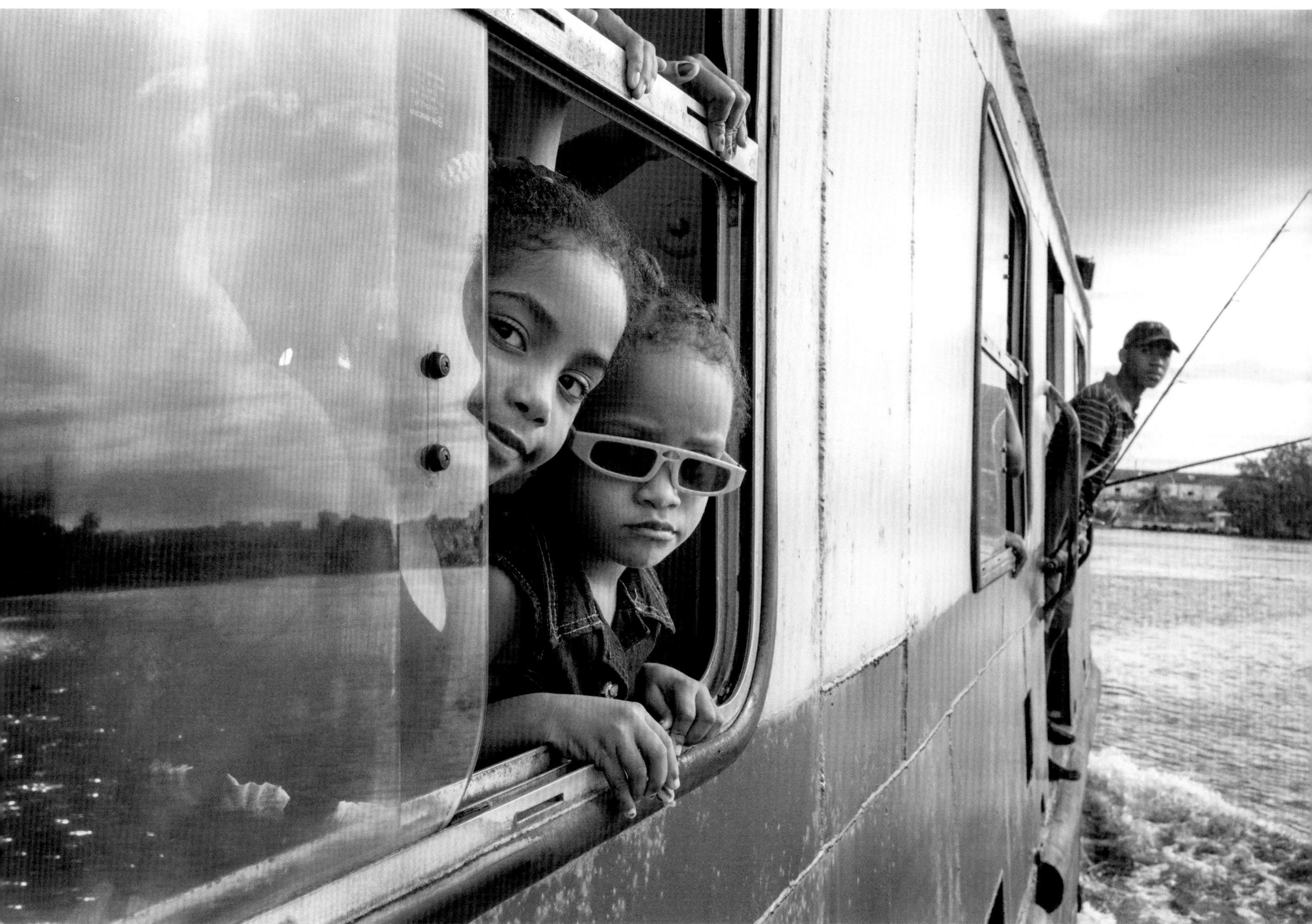

IRMA

Ich traf Irma in einem Mehrfamilienhaus in der Avenida Del Puerto, schräg gegenüber dem Terminal, von dem die kleine Fähre (»lanchita«) nach Regla und Casablanca ablegt. Sie war ganz in Weiß gekleidet mit einer bunten Perlenkette um den Hals, wodurch sie sich als Mitglied der Santería-Religion zu erkennen gab. Ich wusste, dass sie sich eigentlich nicht fotografieren lassen darf, weil sie ihrem Glauben nach dadurch ihrer Seele beraubt wird. Ich stimmte die Götter aber milde, indem ich Irma einen Dollar gab und dann dieses Foto machen durfte.

I met Irma at an apartment building on the Avenida del Puerto, diagonally opposite the ferry terminal where the »lanchita« to Regla and Casablanca docks. She was dressed in white with a colorful bead necklace, which identified her as a follower of the Santería religion. I knew that she wouldn't want her photograph taken because her religious beliefs state that doing so steals the subject's soul. However, I appeased the gods by giving her a dollar and she allowed me to capture this image.

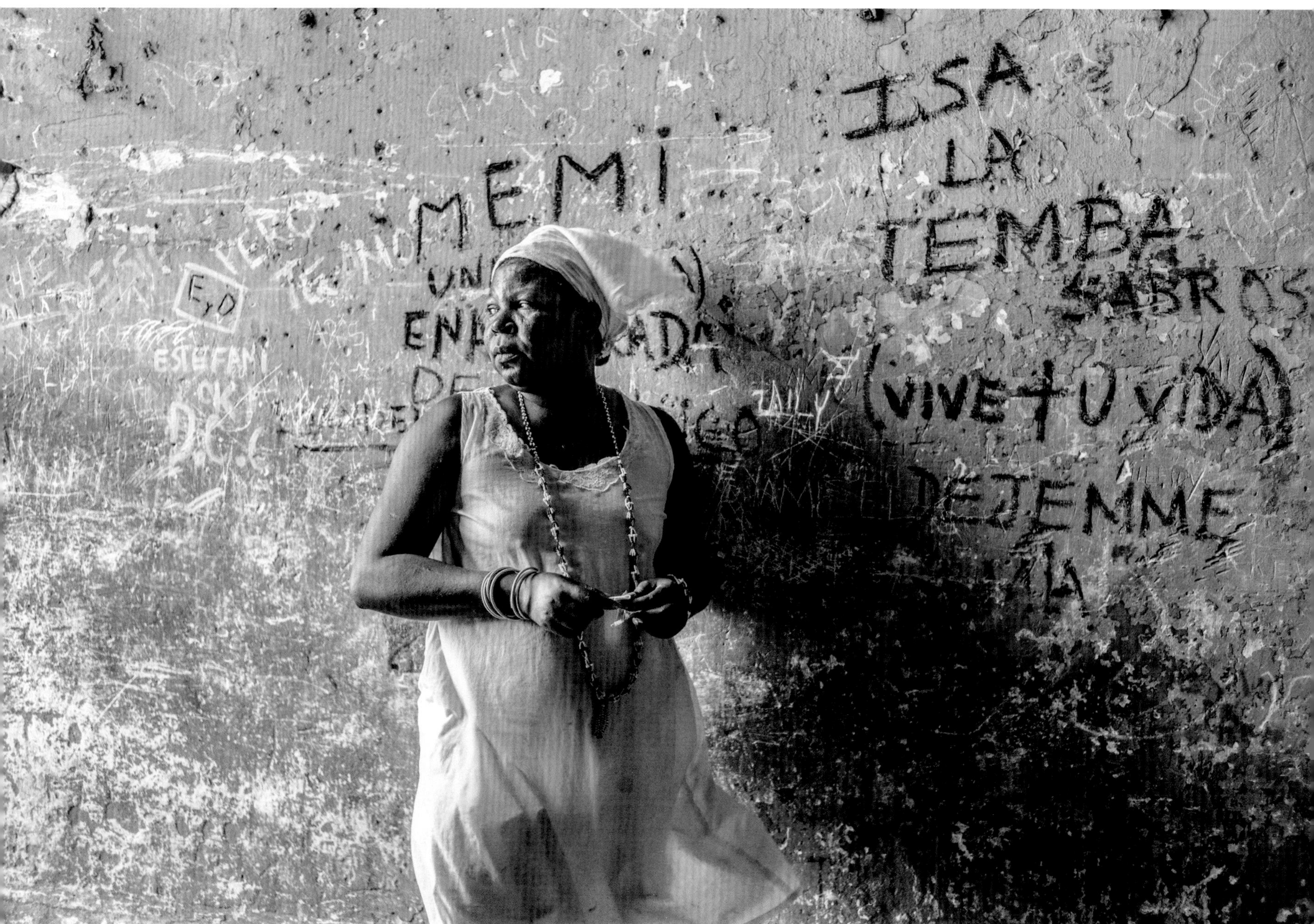

MEMI
ISA
LA
TEMBA
SABROS
(VIVE TU VIDA)
DEJENME

GLAUBENSKONFLIKT
A CONFLICT OF FAITH

Natürlich ist es für eine junge Santería-Anhängerin nicht einfach, in eine Kamera zu blicken, ohne ein freundliches Lächeln aufzusetzen. Da man durch sein weißes Gewand allen Nachbarn und Freunden demonstriert, dass man mit dem Yoruba-Glauben verbunden ist, darf man sich natürlich nicht fotografieren lassen. Auf der anderen Seite lieben es auch die Teenager in Kuba – so wie überall auf der Welt –, zu posieren und mit dem Fotografen zu kokettieren.

It isn't easy for young Santería followers to look into a camera without putting on a friendly smile. Their white dresses make it clear to neighbors and friends that they belong to the Yoruba faith, which forbids its followers from having their photograph taken. However, just like teenagers the world over, these young Cubans simply can't resist playing to the camera.

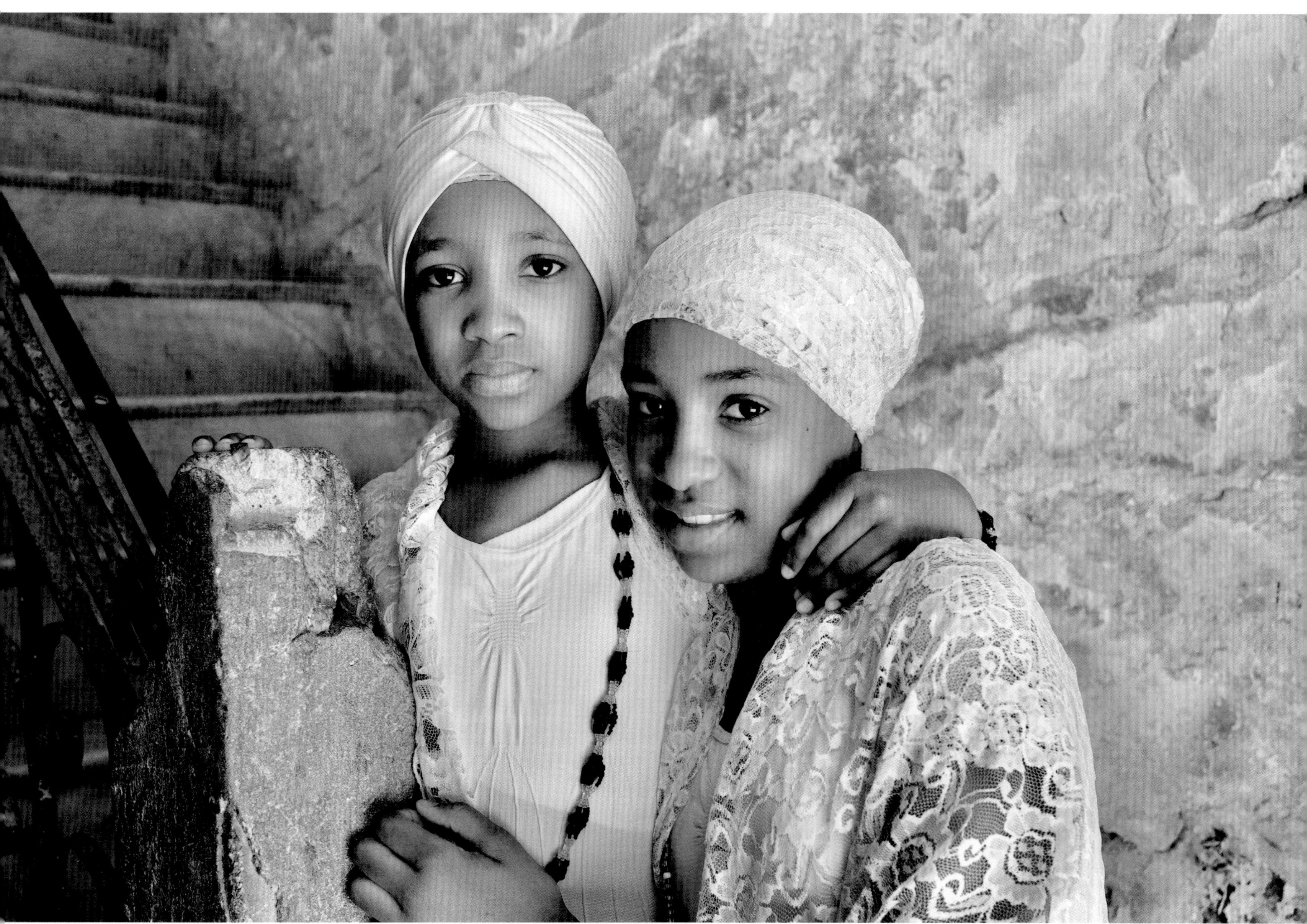

AURORA, DIE WAHRSAGERIN
AURORA THE FORTUNE TELLER

Irgendwann am späten Vormittag steigt Aurora aus dem Bus und bezieht mit voll bepackter Tasche ihren Arbeitsplatz vor der Kirche in Regla. Sie packt ihre Utensilien aus und drapiert sie sauber auf einer Decke auf der Mauer: Muscheln, Kerzen, Räucherstäbchen, Spielkarten, Würfel, eine Plastikflasche mit einem geheimnisvollen Wässerchen und noch andere Dinge, die man so braucht, wenn man die Zukunft voraussagen will. Bevor sie einsatzfähig ist, geht sie noch zur Nachbarin hinüber und kauft ein paar Sonnenblumen. Diese wird sie später brauchen, wenn sie gegen eine kleine Gebühr in die Zukunft ihrer Kunden schaut und als Abschluss der Lebensberatung ihren Segen erteilt.

Meistens sind es Frauen, die von ihren Männern betrogen wurden, oder jemand, der von den anderen Familienmitgliedern ums Erbe gebracht wurde. Aurora liest die Zukunft ihrer Kunden aus deren Hand, verfolgt mit ihrem Zeigefinger Liebes- und Sonnenlinien, vergleicht danach Herz- und Kopflinie, um letztendlich ihren begehrten Rat zu erteilen.

Sometime in the late afternoon Aurora gets off the bus carrying her bulging bag and sets up shop near the church in Regla. She unpacks her bag and carefully arranges her tools of the trade on a sheet atop the harbor wall: shells, candles, incense, playing cards, dice, a plastic bottle filed with a mysterious substance, and all the other things she needs to look into the future. Before she is ready, she walks over to one of the neighboring vendors and buys a bunch of sunflowers. She will need these later when she charges a small fee to tell her customers' fortunes. She finishes up by blessing them.

Most of her customers are women who suspect their husbands are cheating on them or people who have been tricked out of their inheritance by family members. Aurora reads her clients' futures in their hands, following the love lines and sun lines with her finger, and comparing the head and heart lines before she finally gives her coveted advice.

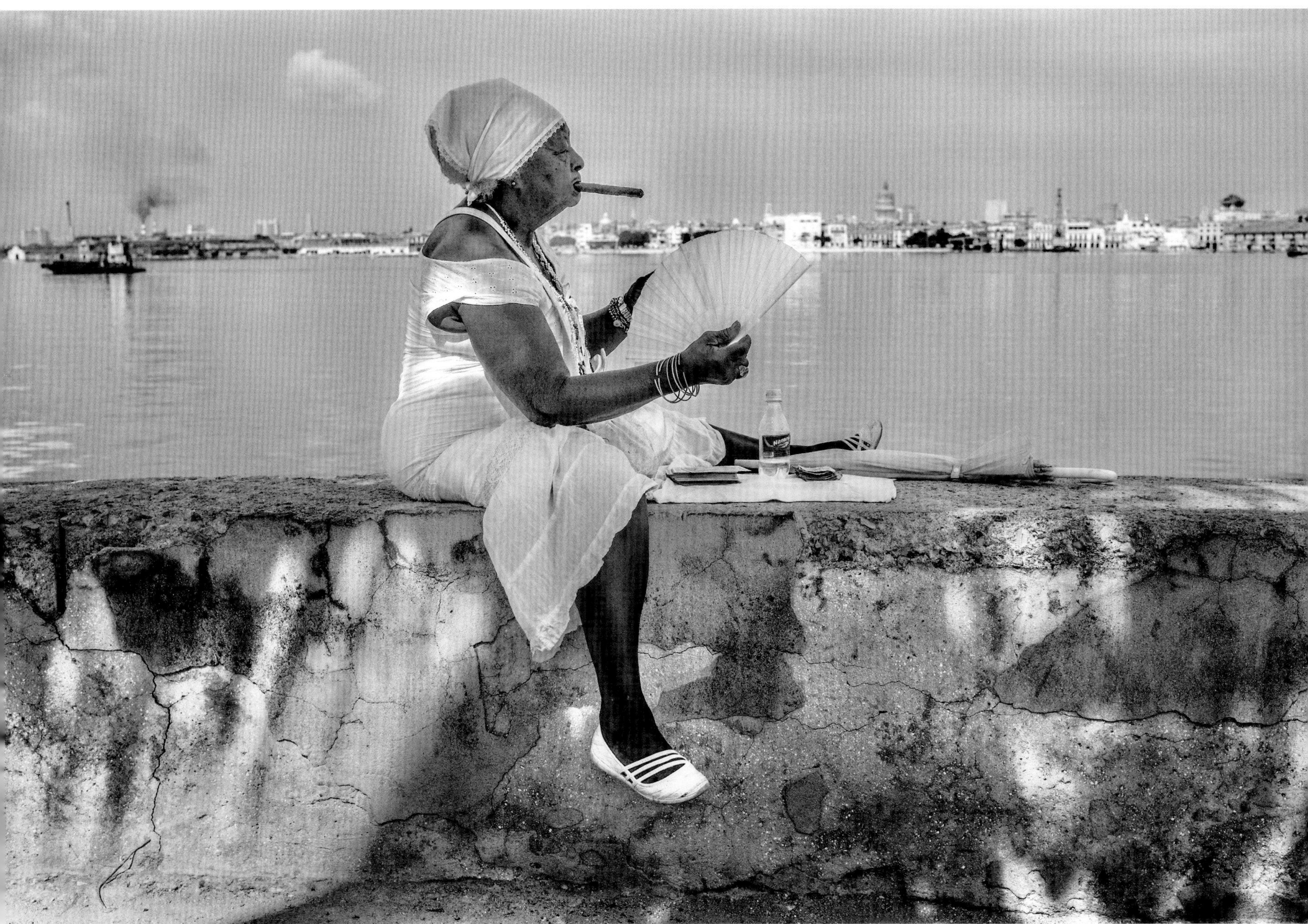

OUTSIDE LOOKING IN

Teresa und ein Nachbarsjunge beobachten eine Santería-Zeremonie in Regla.

Teresa and a neighbor are watching a Santería ceremony in Regla.

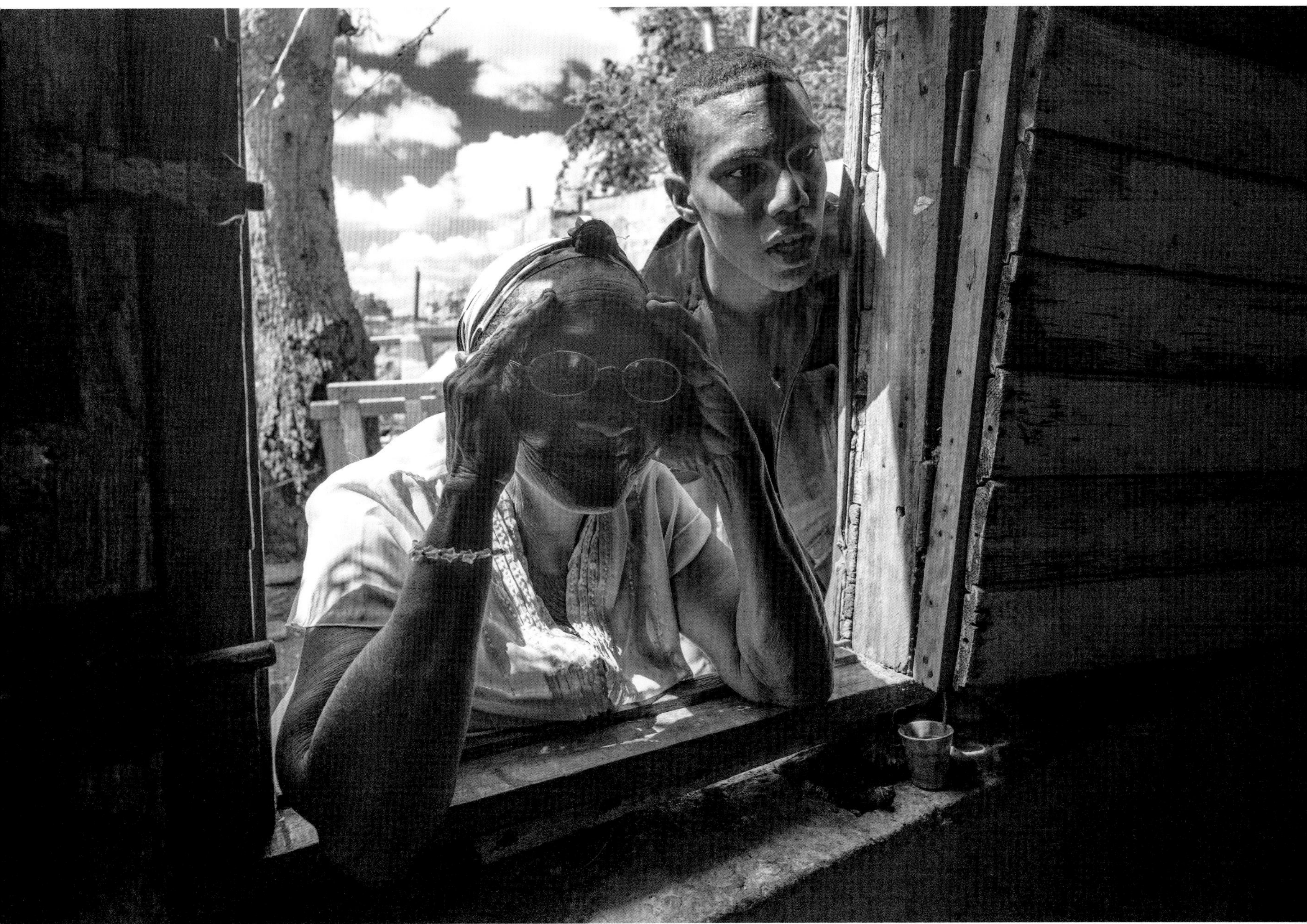

DIE EINLADUNG
AN INVITATION

Die alte Dame stand oben am Fenster ihrer Wohnung am Malecón und schaute auf das Meer hinab. Ich blickte nach oben und als sie mich sah, winkte sie mir zu, doch heraufzukommen. Der Treppenaufgang war schwer zu finden, es stank nach allem Möglichen, aber irgendwie schaffte ich es doch nach oben. Hier saß die ältere Dame mit ihrer Zigarre und freute sich über meinen unerwarteten Besuch.

This old lady stood at the window of her apartment on the Malecón and gazed down at the ocean. She noticed me as I looked around and waved for me to come on up. The stairs were difficult to find and stunk of who knows what, but I made it somehow. This photo shows my new friend with her cigar and her delight at my unexpected visit.

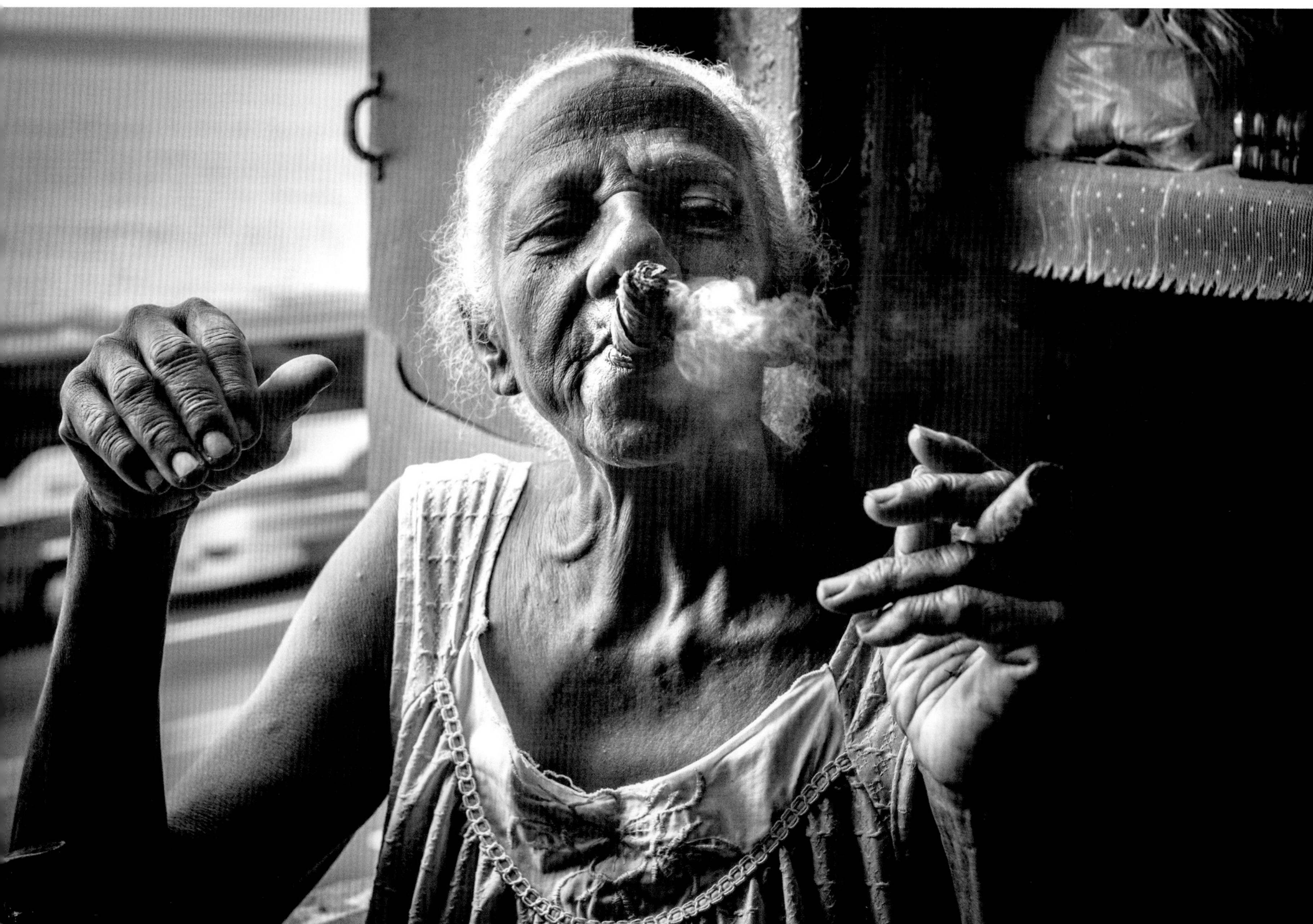

MÄNNER IN EINER BAR
MEN IN A BAR

Schräg gegenüber des Fährterminals an der »avenida de puerto«, befindet sich die Bar »libertad« in die sich kaum einmal ein Ausländer verirrt. Hier treffen sich Kubaner auf einen schnellen »cafecito« oder »café cortado«, bevor sie nach der Arbeit nach Hause gehen. Manchmal wird es allerdings auch etwas später, vor allem wenn der billige Rum von einem Freund bezahlt wird.

Across from the ferry terminal on the »avenida de puerto« is the Libertad bar, in which probably no foreigner ever gets lost. This is where Cubans meet on their way home after work for a quick »cafecito« or »café cortado«. Sometimes getting home might be a little late, especially when the cheap rum is paid for by a friend.

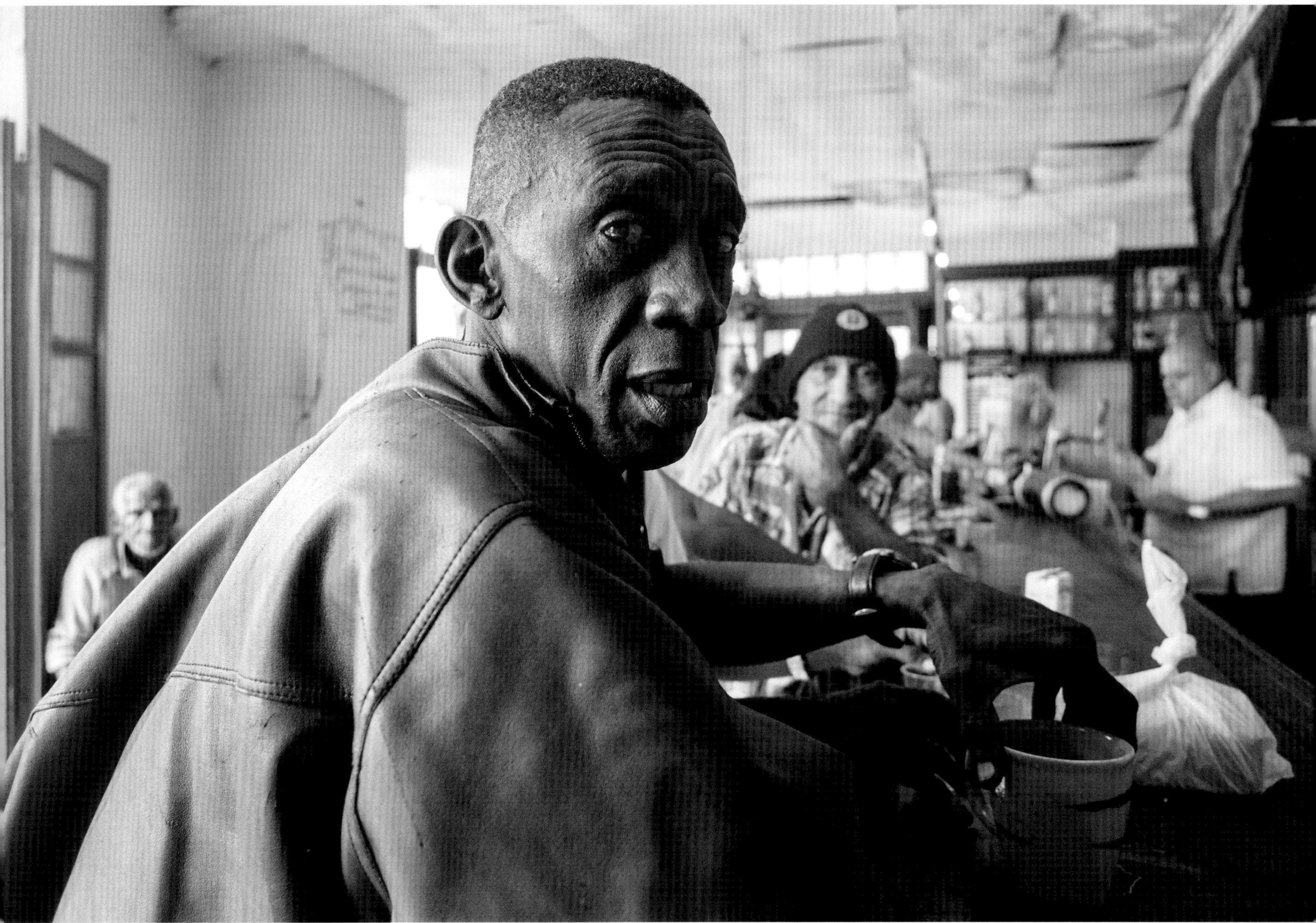

WOZU EINE ALTE KARRE GUT SEIN KANN
THE SECRET USES OF A WRECKED CAR

Die alte Karre von Luis steht schon seit Jahren auf der Straße in Centro Havanna und ist eine ewige Baustelle. Zusammen mit seinem Bruder schleift und schweißt Luis jeden Tag, mit Vorliebe am Sonntag. Leider ist das Geld für Ersatzteile sehr knapp und es gibt immer wieder andere Prioritäten.

So sehr er sich wünscht, dass die Karre endlich fertig wird, so sehr hoffen die Nachbarn, dass es noch eine Weile mit der Fertigstellung dauert. Denn sie benötigen die Zahlen auf dem Nummernschild für die tägliche Lotterie (»la bolita«). Zusammen mit dem Geburtstag der Mutter und dem Todestag von Fidel ergeben sie den Geheimtipp für die Lotterie. Ansonsten ist die alte Karre für nichts mehr zu gebrauchen.

Luis's old jalopy is in a state of disrepair and has sat for years on the street in Havana's Centro district. He and his brother grind and weld and sand every day, especially on Sundays. There is never enough money for spare tires and there is usually something more important to buy anyway.

Although Luis would dearly love to finally get his car running, the neighbors are happy to see it sit still for a while longer. The car is their lucky talisman and—together with their mothers' birthdays and the anniversary of Fidel's death—the numbers on the registration plate make for a hot tip for the numbers in the daily lottery called »la bolita«. Apart from that, this junker seems to have no use at all.

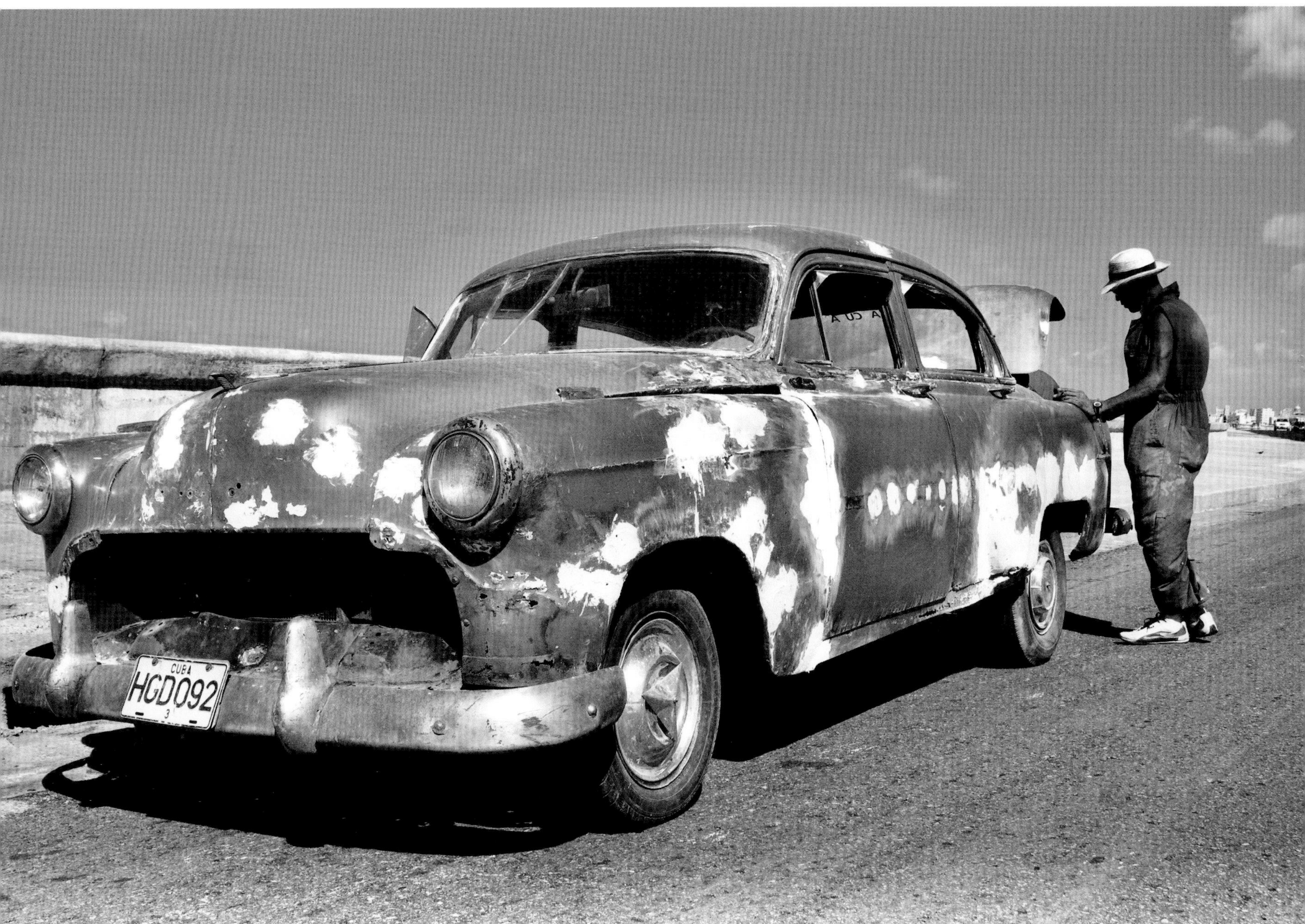
CUBA
HGD092
3

JUGEND AM MALECÓN IN HAVANNA
KIDS AT THE MALECÓN IN HAVANA

Sie sind voller Lebensfreude und für jeden Spaß zu haben. Und nein, sie sind nicht »Fidel«, wie man es ihnen von oben herab weißmachen will. Ihrer Devise wird niemals sein »Vaterland oder Tod« (patria ó muerte) sondern »Vaterland und Leben« (patria y vida).

Auch wenn der Polizist im Hintergrund links aufpasst, dass sie nicht über die Stränge schlagen, werden sie ihren Weg finden.

They are full of their love for life and always find ways to have fun. And no, they don't believe the »we are all Fidel« myth that is still propagated by the powers that be. Instead of the official motto »patria ó muerte« (fatherland or death), theirs is clearly »patria y vida« (fatherland and life).

Even if the policeman in the background makes sure that they don't run riot, they will surely find their own way.

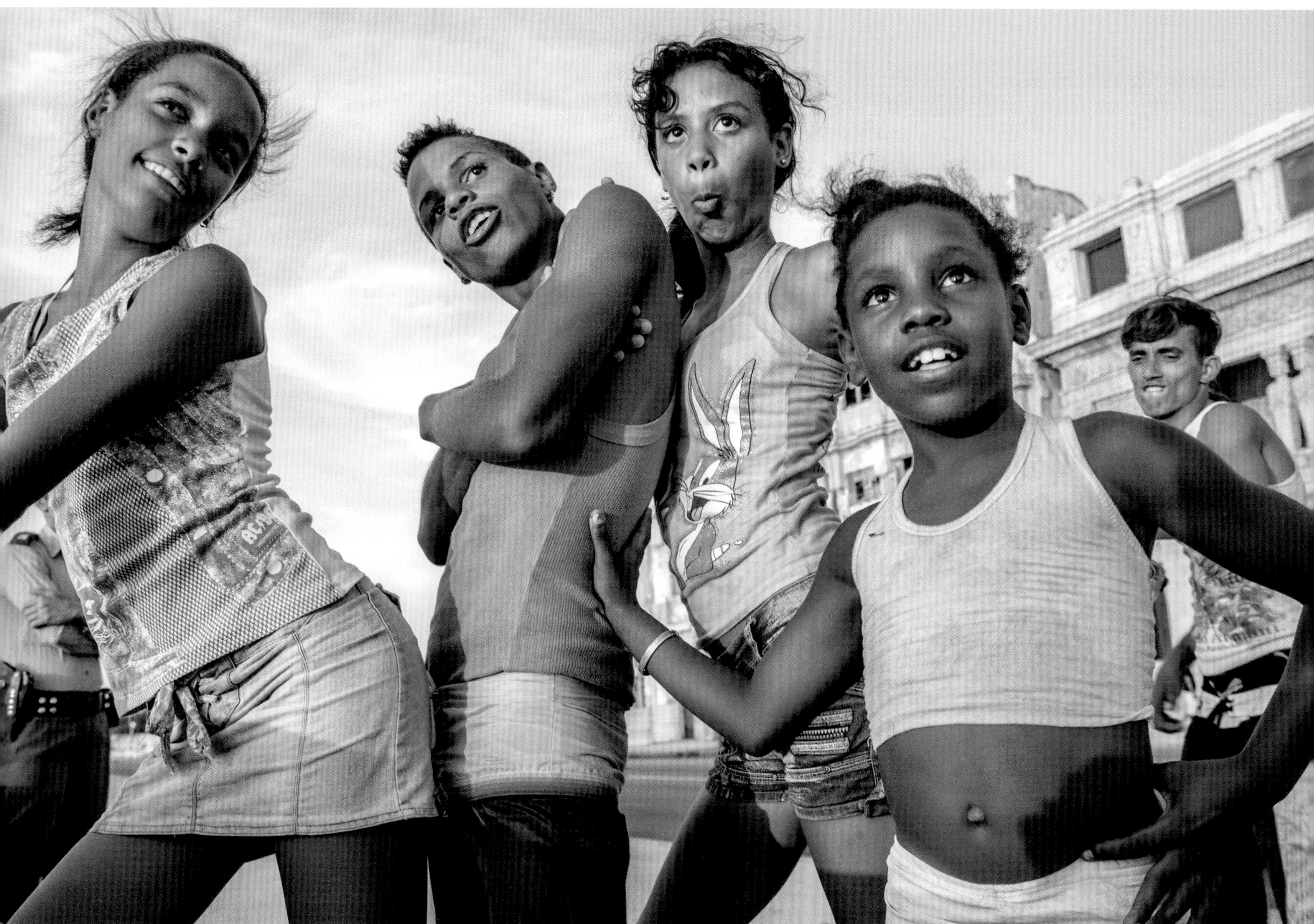

BLUE CHAIR BLUES

In Kuba ist alles relativ. Hat man für eine Reise nach Bayamo ein Taxi für zwei Uhr nachmittags bestellt, kann es sein, dass es neun Uhr am nächsten Vormittag wird. Man muss flexibel sein und sollte immer einen Plan »B« haben, denn auf fast nichts ist Verlass.

In den letzten 15 Jahren bin ich mindestens 20-mal die Strecke von Havanna nach Bayamo gefahren. Für die 750 km lange Strecke sollte man mindestens zwölf Stunden einplanen, obwohl Google Maps mit neun Stunden und 42 Minuten dagegenhält. Das ist vor allem illusorisch, wenn es regnet, denn dann sind die Schlaglöcher kurz vor dem Ziel tiefer als breit.

Irgendwann unterwegs kommt man auch durch Guaímaro. Immer wenn ich diesen Ort passierte, saß ein alter Mann auf seinem blauen Stuhl und schlief. Das war in den letzten Jahren immer so. Wenn ich dann langsam durch die Stadt fuhr, schaute ich nach rechts, um ihn ja nicht zu verpassen. Nichts in Kuba war für mich verlässlicher als der alte Mann, der immer auf seinem blauen Stuhl saß und schlief.

Nur letzten Dezember, da schaute ich vergeblich nach rechts. Dieses Mal war der blaue Stuhl leer. Auf nichts ist Verlass.

In Cuba, everything is relative. For example, if you order a taxi to take you to Bayamo at 2:00 p.m., it may turn up at 9:00 a.m. the following morning. You have to be flexible and you always need a Plan B because you can't rely on anything.

In the past 15 years, I have made the trip from Havana to Bayamo at least 20 times, and it's a tough ride. You need to plan on it taking at least twelve hours for the 470-mile trip, even though Google Maps says it should take less than ten hours. If it's raining, it takes even longer, thanks to the potholes between Las Tunas and Cautos, which are often deeper than they are wide.

At some point, you pass through Guaímaro. Every time I traveled through this small town in the last few years, there was an old man sleeping on a blue chair at the side of the road. If I happened to be traveling slowly, I always looked to the right so as not to miss him. For me, the man and his blue chair were the most reliable sight in all Cuba.

The trouble is, last December I glanced over and the blue chair was empty. In Cuba, you can't rely on anything after all!

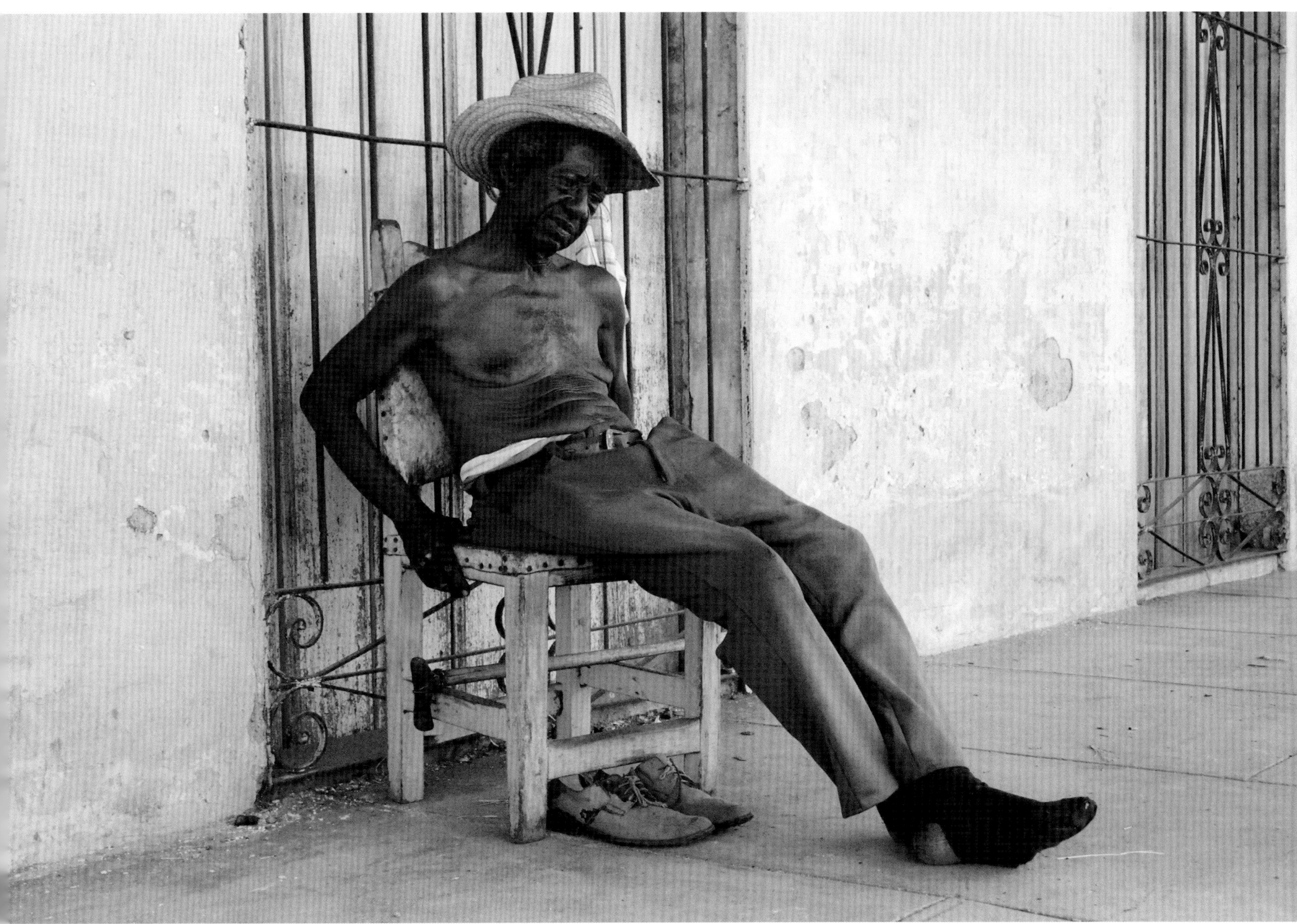

WARTEN
WAITING

Es ist ein ruhiger Sonntagmorgen in Bayamo. Guillermo sitzt hoffnungsvoll auf einer Bank am Bahnhof, um eventuell die ein oder andere selbst produzierte Petroleumlampe zu verkaufen und dadurch seine dürftige Rente etwas aufzubessern. Dieses Bild entstand 2008.

It is a quiet Sunday morning in Bayamo. Guillermo sits on a bench at the station, hoping to sell one of his homemade petrol lamps to boost his meager pension. I captured this image in 2008.

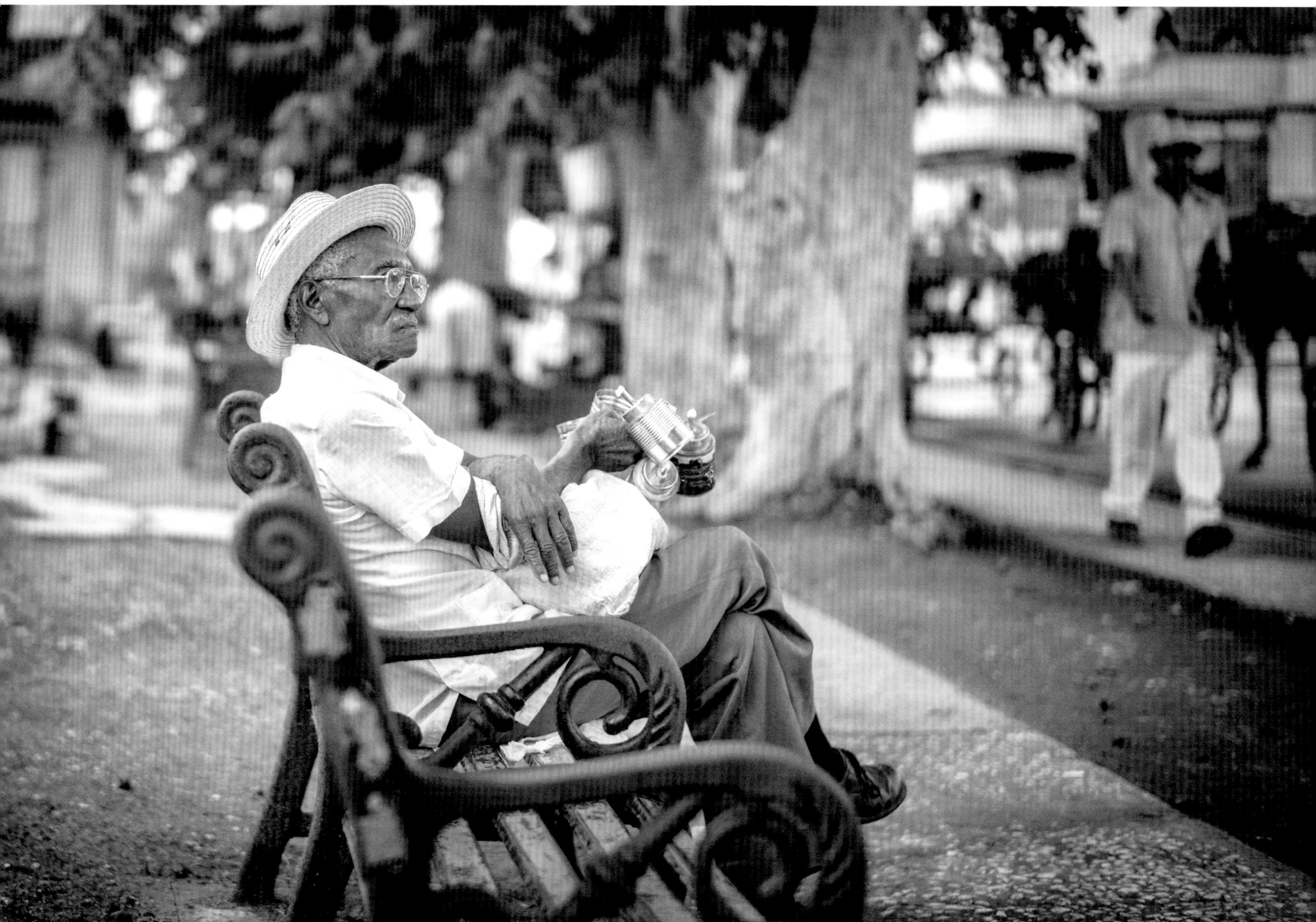

NACH DER SCHULE
AFTER SCHOOL

Nach der Schule, meistens so gegen
16 Uhr, fängt das Leben für die Jungs und
Mädchen erst richtig an. Während viele der
Mädchen zum Ballettunterricht gehen, verbringen die Jungs den Rest des Tages auf
dem Sportplatz. Auf dem Nachhauseweg
werden allerdings vorher noch die Nach-
richten auf dem »movil« gecheckt. Noch hat
nicht jeder ein Handy, und man muss mit
dem Gerät des Freundes vorliebnehmen.

After school, usually around four in the
afternoon, life really begins for Cuban boys
and girls. While many girls go to ballet
class, the boys spend the rest of the day at
the sports field. However, on the way home
they first have to check the latest news on
somebody's »movil«. Not everyone has a
cell phone yet, so the devices they have are
all shared among friends.

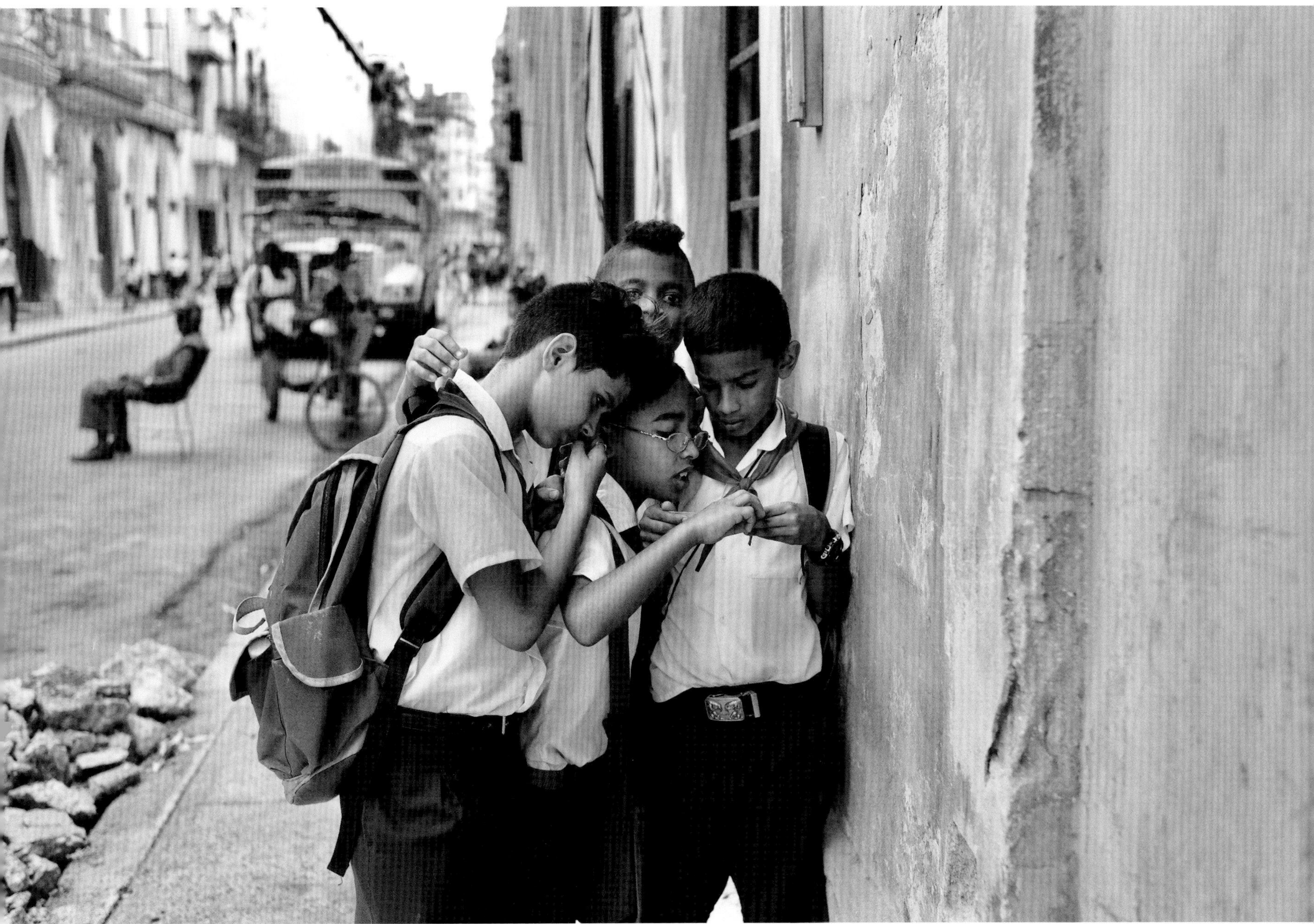

SEIN EIGENER KÖNIG
HIS OWN KING

Rafael gehört der städtischen Straßenreinigungstruppe an. Frühmorgens um sieben geht er zur Mülleimerzentrale in der Calle San Juan de Dios (ich habe zwei Jahre genau gegenüber gewohnt) und bewaffnet sich mit dem notwendigen Arbeitsgerät, um seine Arbeit zu verrichten. Ab und zu entdeckt er auch einmal etwas Nützliches, um sein Outfit etwas aufzupeppen.

Rafael is a member of a street cleaning crew. At 7:00 a. m. he heads over to the bin collection center in the Calle San Juan de Dios (I lived across from this for two years) and arms himself with his street-sweeping gear. Now and then, he finds a trinket to liven up his outfit.

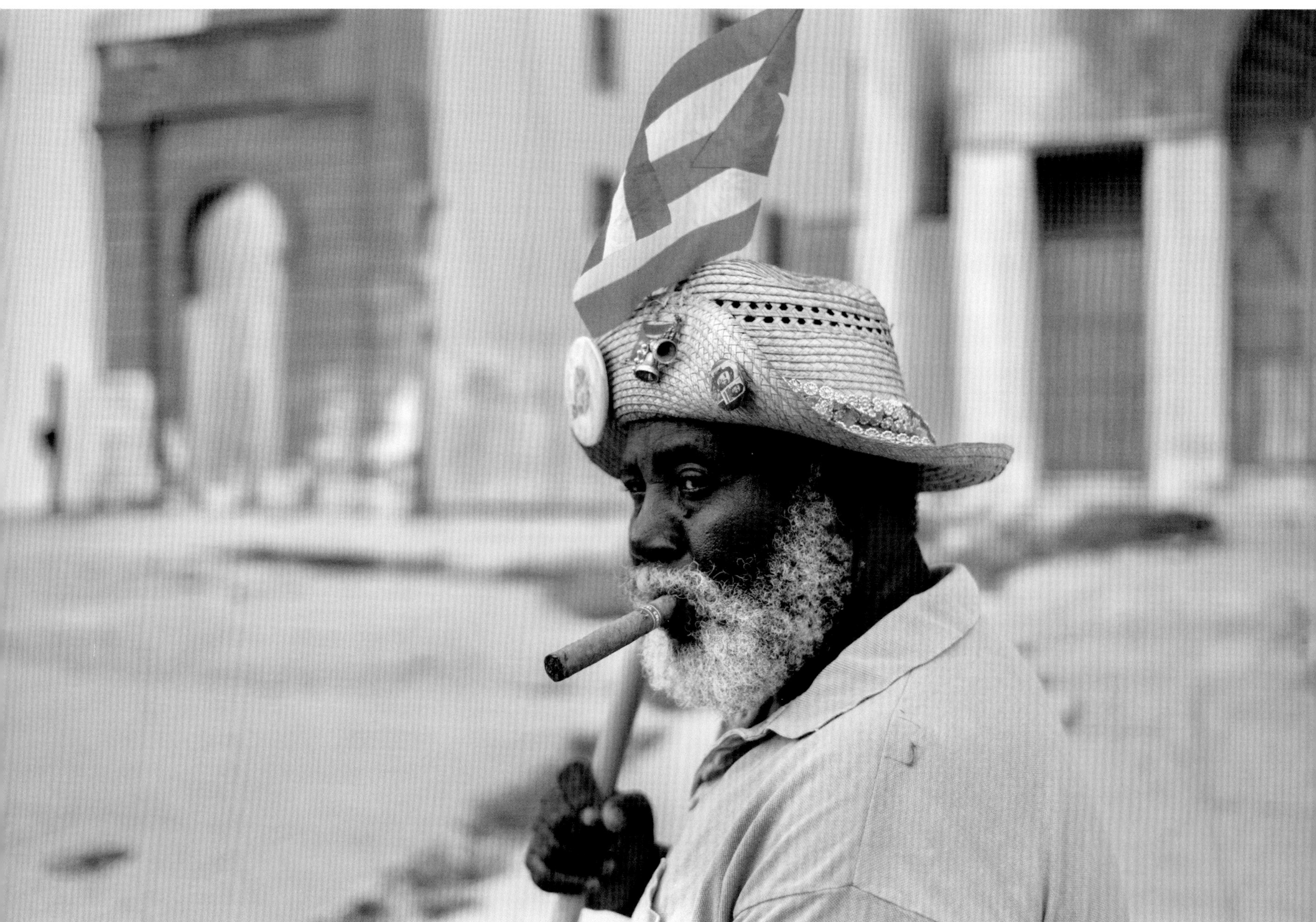

LAS PARRANDAS

Eine der beliebtesten Veranstaltungen der Region findet vom 16. bis zum 26. Dezember in Remedios statt. Der Ursprung der »Las Parrandas de Remedios« geht zurück in eine Zeit, als sich der Priester des Ortes über das Fehlen von Gemeindemitgliedern in der Mitternachtsmesse beklagte. Er ermutigte die Kinder, auf die Straßen zu gehen, um die Bürger mit Pfeifen, Trommeln und Blechdosen aufzuwecken, sodass sie keine andere Wahl hatten, als aufzustehen und die Messe zu besuchen.

In der heutigen Zeit findet an diesen Tagen ein Wettbewerb der Stadtteile San Salvador und El Carmen statt, bei dem selbst gebaute Feuerwerkskörper lautstarke Verwendung finden.

Das Foto entstand 2017, als über 22 Menschen – mit zum Teil lebensgefährlichen Verbrennungen – ins Krankenhaus eingeliefert werden mussten.

In Remedios, one of the most popular regional events takes place between December 16 and December 26. »Las Parrandas de Remedios« originated at a time when the local priest complained about the lack of a congregation at midnight mass. He would get the local children to head out into the streets and wake people up using whistles, drums, and tin cans so they had no option but to get out of bed and attend mass.

Today, the festival involves a competition between the San Salvador and El Carmen neighborhoods, and a whole bunch of very loud homemade fireworks.

I captured this image during the 2017 festival where 22 people had to be taken to hospital, some with life-threatening burns.

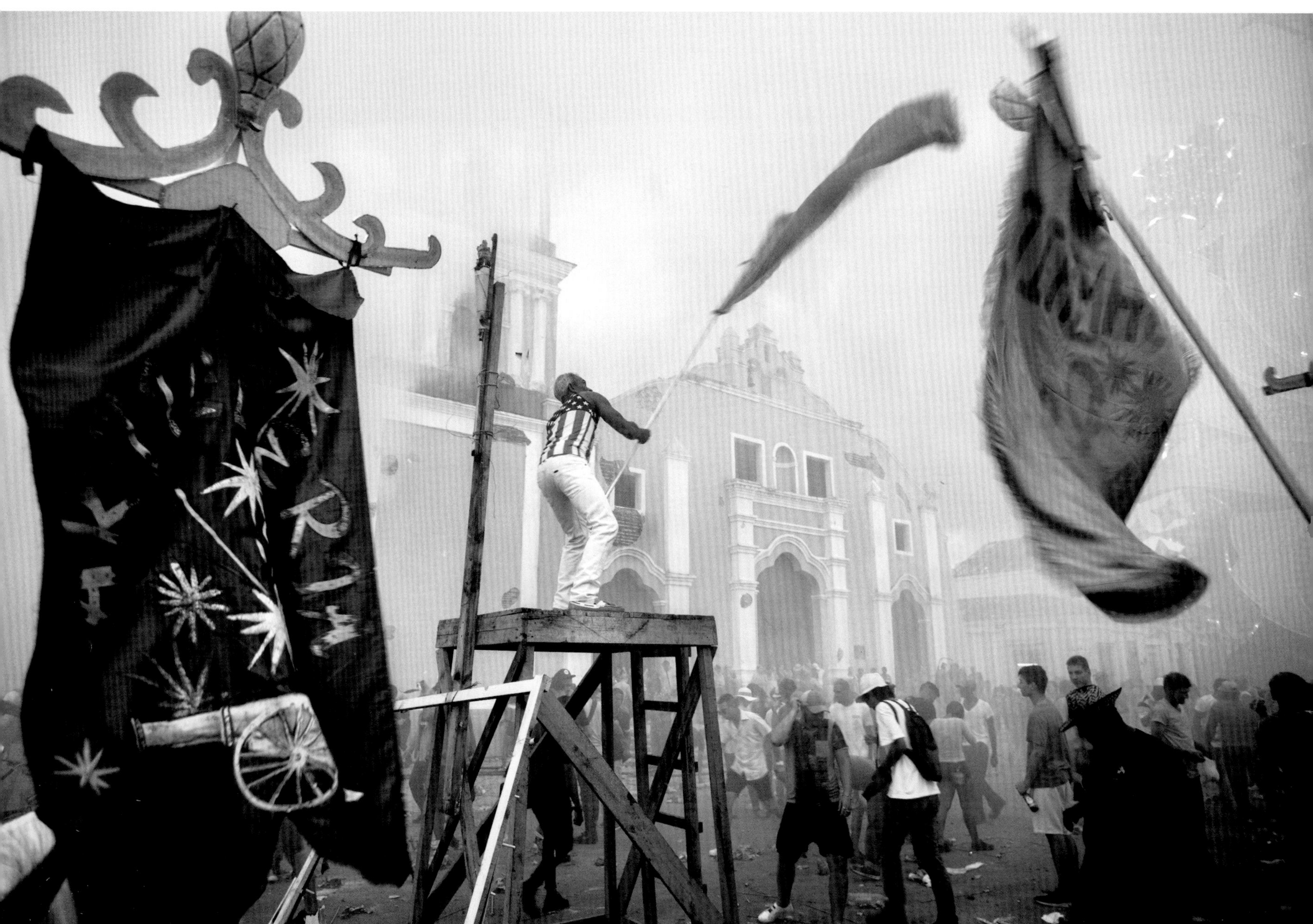

DER TRAUM VON MIAMI
THE DREAM OF MIAMI

Ariel Padrón und seine Frau Gloria in Gibara, im Nordosten der Insel nahe Holguin, träumten ihr ganzes Leben davon, ein besseres Leben in den USA zu führen. Sie waren wie Viele hin- und hergerissen zwischen Bleiben und Gehen. Die 80er und 90er waren sehr hart für die Kubaner, aber danach ging es wieder besser und viele gaben ihre Träume auf. Heute, im Jahr 2021, wo die Situation fast noch schlimmer ist als damals in der »periodo especial«, sind die beiden zu alt, um noch einmal neu anzufangen. Der Traum von einem besseren Leben ist ausgeträumt.

Ariel Padrón and his wife Gloria in Gibara, in the northeast of the island near Holguin, dreamed their whole lives about leading a better life in the USA. Like many, they were torn between staying and leaving. The 80s and 90s were very tough for Cubans, but things got better after that and many gave up their dreams. Today, in the year 2021, when the situation is even worse than it was in the »periodo especial«, the couple is too old to start all over again. The dream of a better life is over.

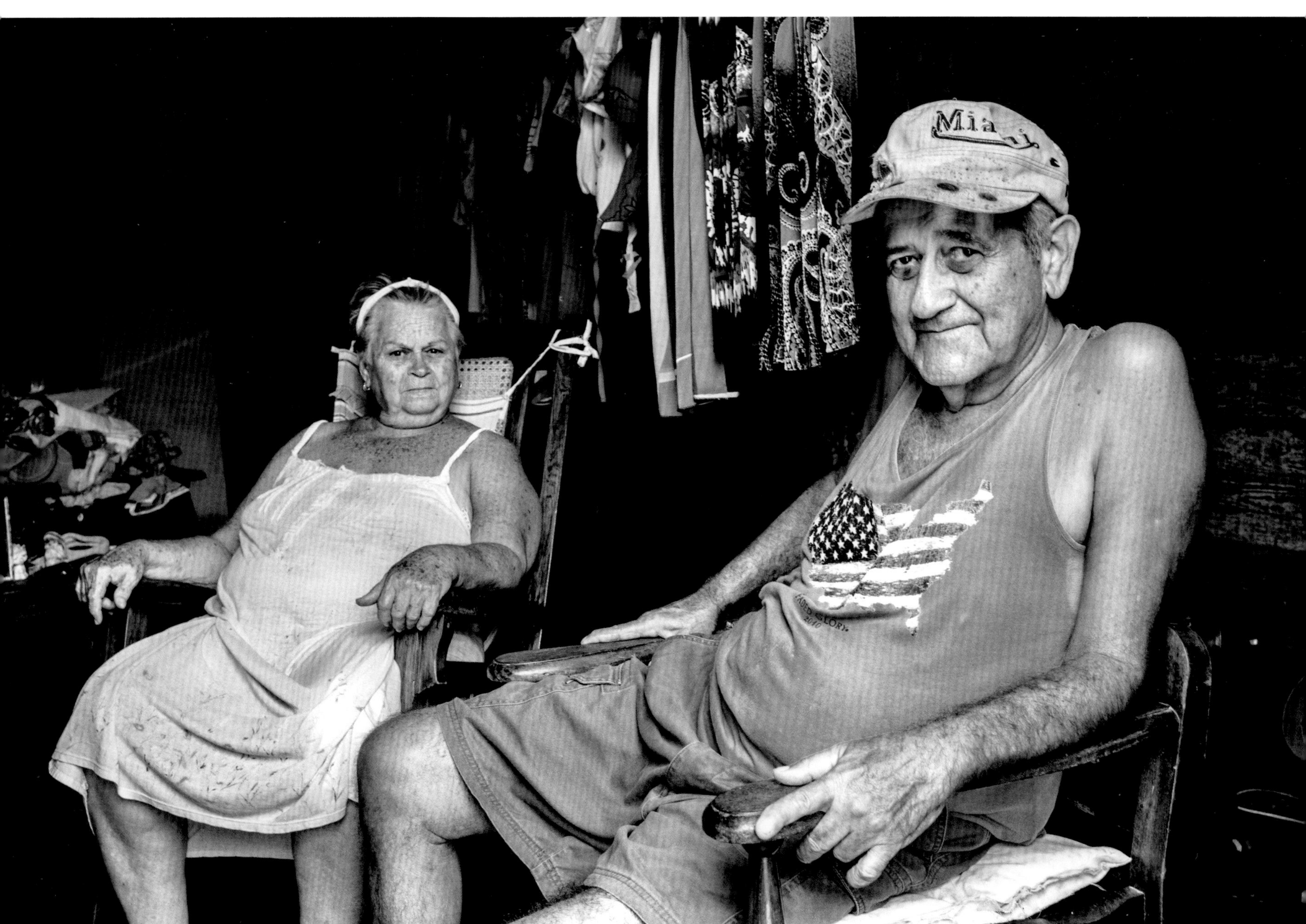

CAMERA DE TORTURA (DIE FOLTERKAMMER)

CAMERA DE TORTURA (THE TORTURE CHAMBER)

Bodybuilding ist keine Sportart, die – im Gegensatz zu vielen anderen – vom kubanischen Staat unterstützt wird. Wer seinen Körper stählen möchte, muss im wahrsten Sinne des Wortes in den Untergrund gehen, um ein »Gym« zu besuchen. Carlos besucht seines im Barrio Chino schon seit Jahren regelmäßig während der Mittagspause.

Unlike many other sports, bodybuilding is not subsidized by the Cuban state. If you want to work out, you literally have to go underground to visit a gym. For years, Carlos has used his lunch break to visit his local gym in Barrio Chino.

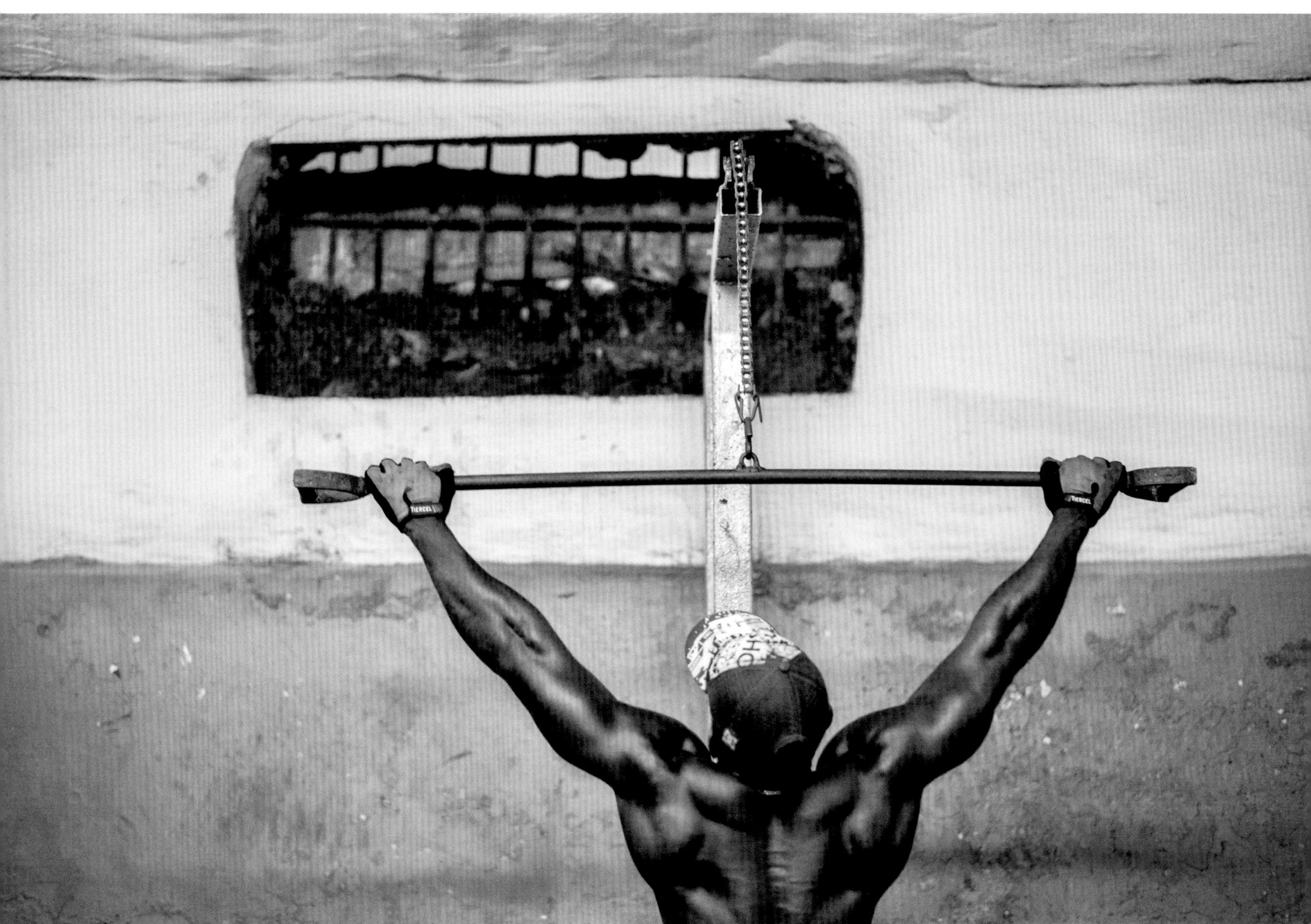

DELFINA

Im Barrio Chino ist Delfina zweifellos eine Unterstützerin der kubanischen Revolution.

Delfina lives in Barrio Chino and clearly still supports the Cuban Revolution.

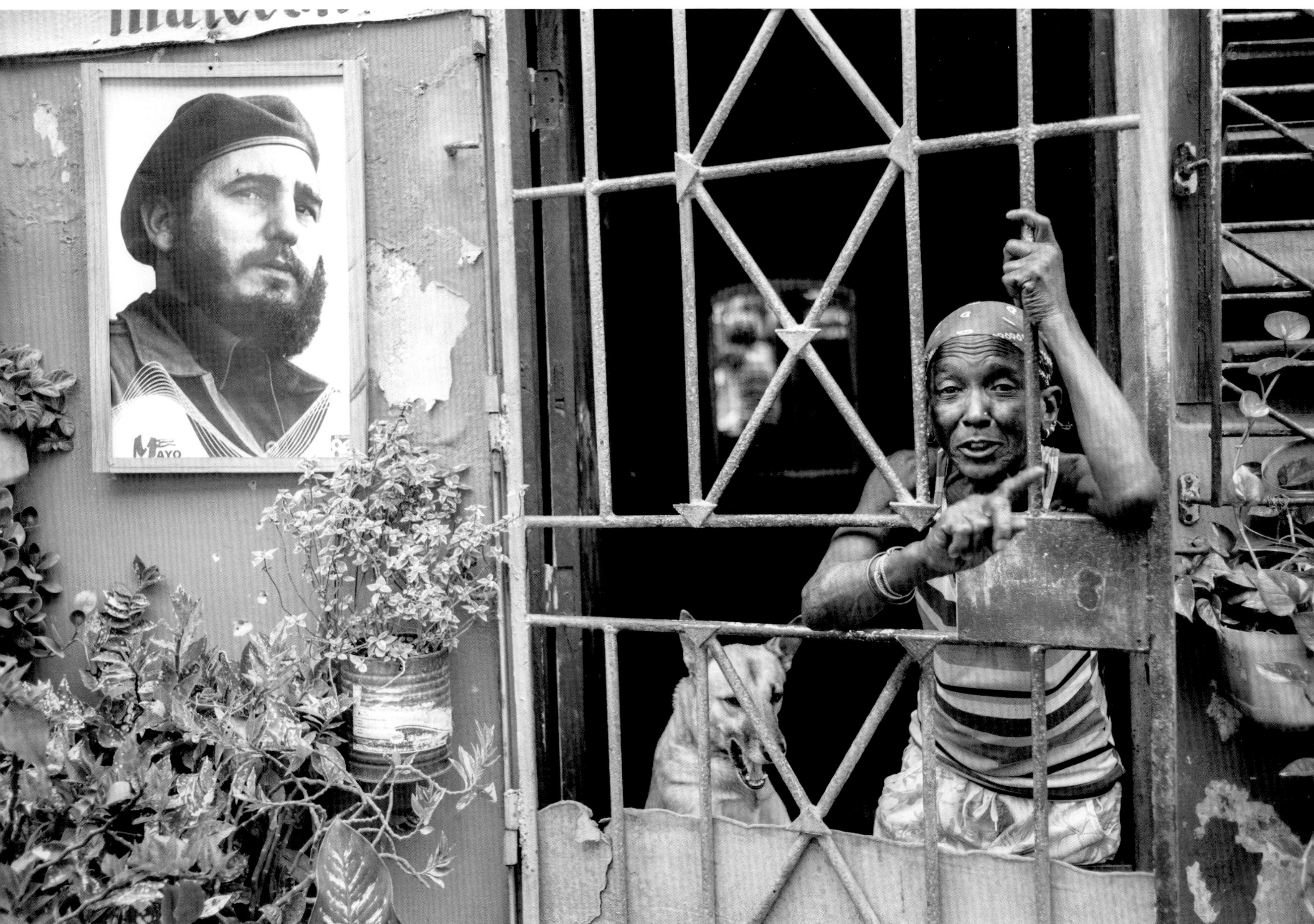

MAYO

DIE EWIGEN REVOLUTIONÄRE
THE ETERNAL REVOLUTIONARIES

Andres und Gitano sind zwei kubanische Veteranen, die nie aufgehört haben, Soldat zu sein. Sie kämpften Seite an Seite in Angola und Nicaragua, aber obwohl ihre letzte Mission vor über 30 Jahren endete, hörten sie nie auf, an die kommunistische Sache zu glauben. Kuba hat sich seitdem verändert – subtil zwar, aber stetig. Die beiden blieben Gefangene ihrer eigenen Vergangenheit. Es ist unklar, ob sie so leben, weil sie sich der Wahrheit nicht stellen können, oder weil ihnen noch niemand gesagt hat, wie die Dinge wirklich sind.

Andres and Gitano are two Cuban veterans who never stopped being soldiers. They fought side by side in Angola and Nicaragua and, although their last tour of duty ended more than 30 years ago, they still believe in the communist mission. Cuba has changed a lot since then—often subtly, but steadily. These two seem somehow stuck in the past and it's not really clear whether they live this way because the truth is too painful or simply because no one has told them how things really are these days.

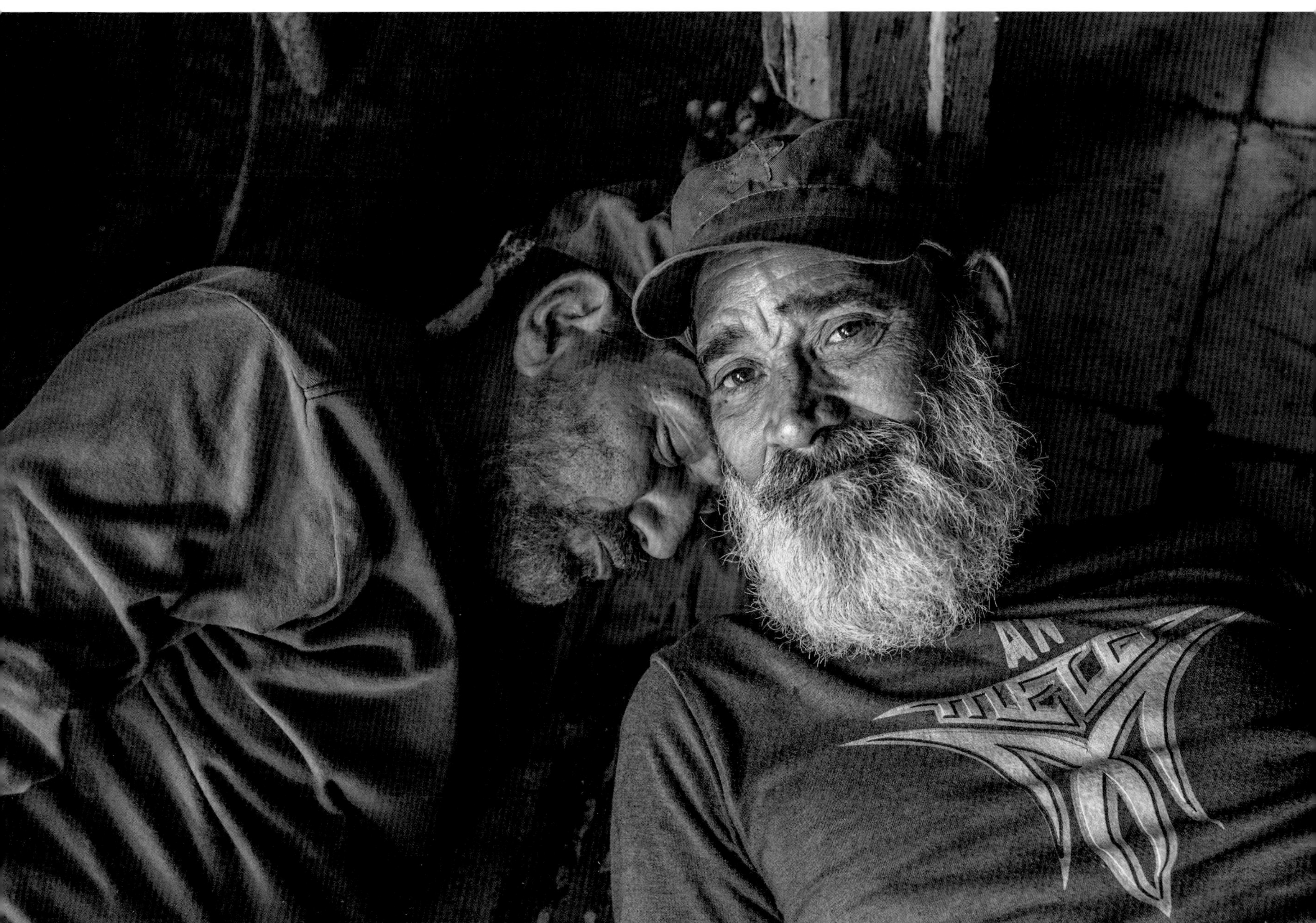

LEBENSFREUDE
JOY OF LIFE

Was mir unterwegs in Kuba immer wieder begegnet und entgegengebracht wird, sind Freude und Herzlichkeit. Obwohl sie nichts haben, können sich die Kubaner über kleine Gesten der Menschlichkeit freuen.

On my travels around Cuba I am constantly met with joy and human warmth. Even if they have nothing, the Cubans are always delighted by even the tiniest gestures of humanity.

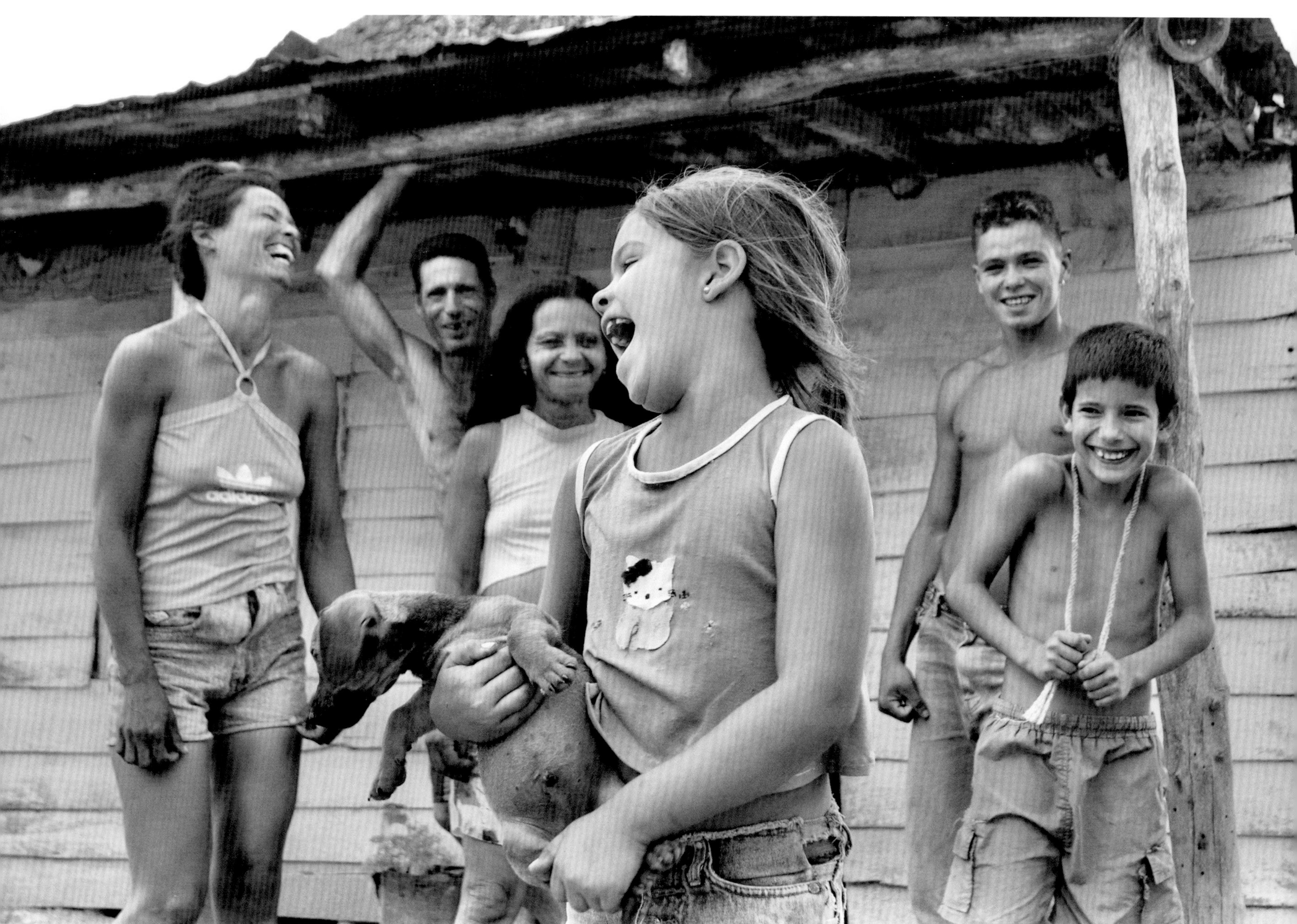

HARLISTAS DE CUBA

Als kleiner Junge bewunderte Jose die Motorräder der Polizei. Die Harleys faszinierten natürlich nicht nur ihn, sondern alle jungen Kubaner. Und als sich die Gelegenheit ergab, hat er sich eine gekauft. Die Leidenschaft für alte Motorräder verbindet die »Harlistas de Cuba«. In Kuba sind alle Fahrzeuge sehr alt. Sie stammen noch aus der Zeit vor der Revolution. 1965 stellte die Polizei ihre Harley-Flotte außer Dienst. Danach gelangte keine dieser Maschinen mehr nach Kuba – und auch keine Ersatzteile. Die Harlistas müssen ihre Motorräder daher auch ohne Ersatzteile am Laufen halten und improvisieren. Es werden alle möglichen Teile in eine alte Harley eingebaut: Kolben russischer Autos ersetzen die Originalkolben und es werden sogar Autoreifen aufgezogen.

Wer als Tourist in Kuba eine neue Harley-Davidson fahren möchte, der kann dies mit der Firma »Lapoderosatours.com« tun. Der Eigentümer ist Ernesto, der jüngste Sohn von Che Guevara, der Motorrad-Entdeckungsreisen durch Kuba anbietet.

When he was young, Jose was one of many young Cubans who were fascinated by the Harley-Davidson motorcycles driven by the police. Years later he was able to buy one of his own. The »Harlistas de Cuba« share a passion for these motorcycles that, like all vehicles in Cuba, were built before the revolution. When the police retired their fleet of Harleys in 1965, no more new machines or even spare parts ever reached the island. Now, the Harlistas have to improvise and keep their machines running without using official replacement parts. Pistons from old Russian automobiles are sometimes used as replacements and some owners even use car tires when the originals wear out. Anything goes!

Tourists who want to ride a newer Harley in Cuba should head to »Lapoderosatours.com«. The company offers motorcycle expeditions throughout the island and is owned by Che Guevara's youngest son Ernesto.

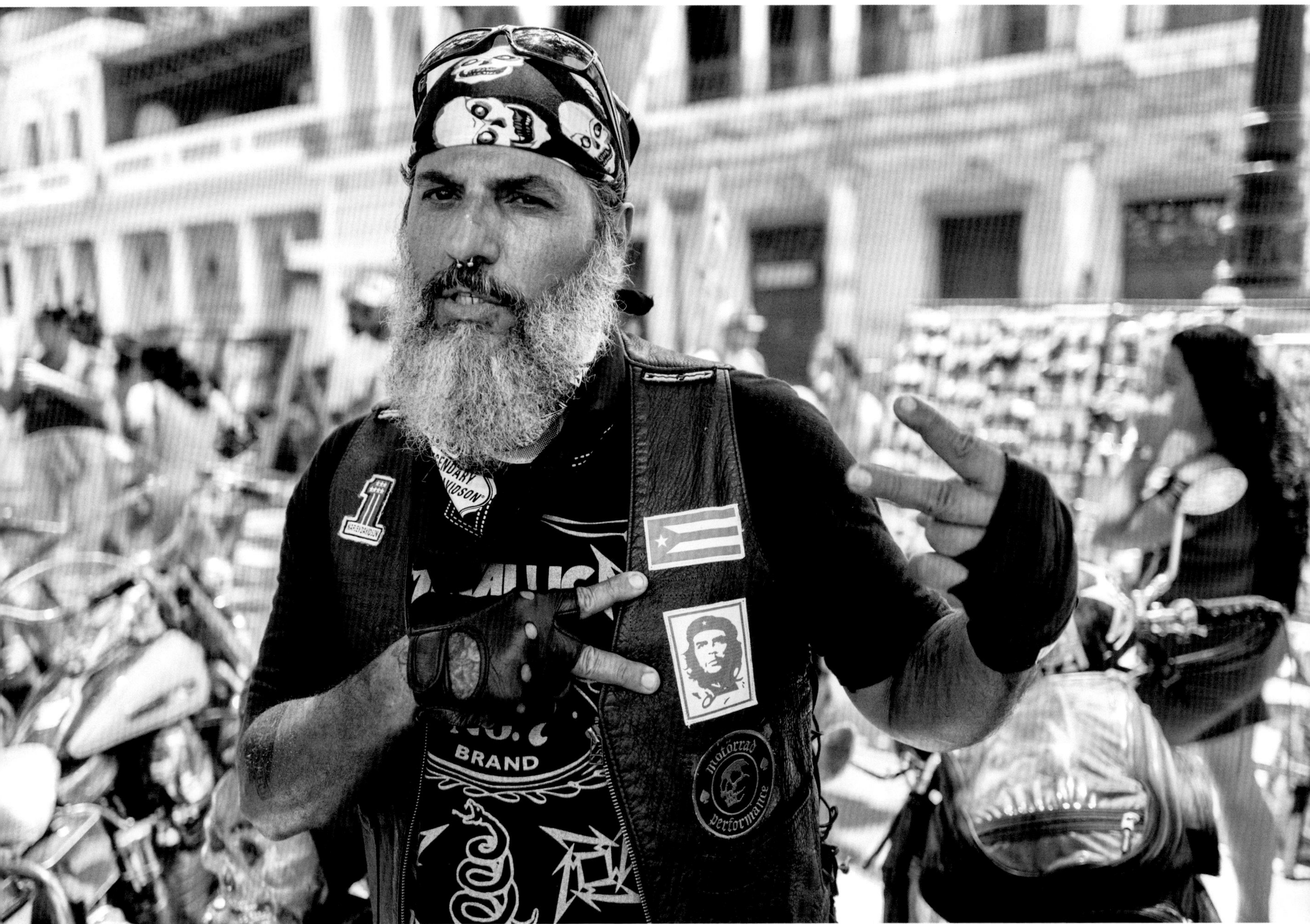

IRGENDWO UNTERWEGS IN KUBA
ON THE ROAD, SOMEWHERE IN CUBA

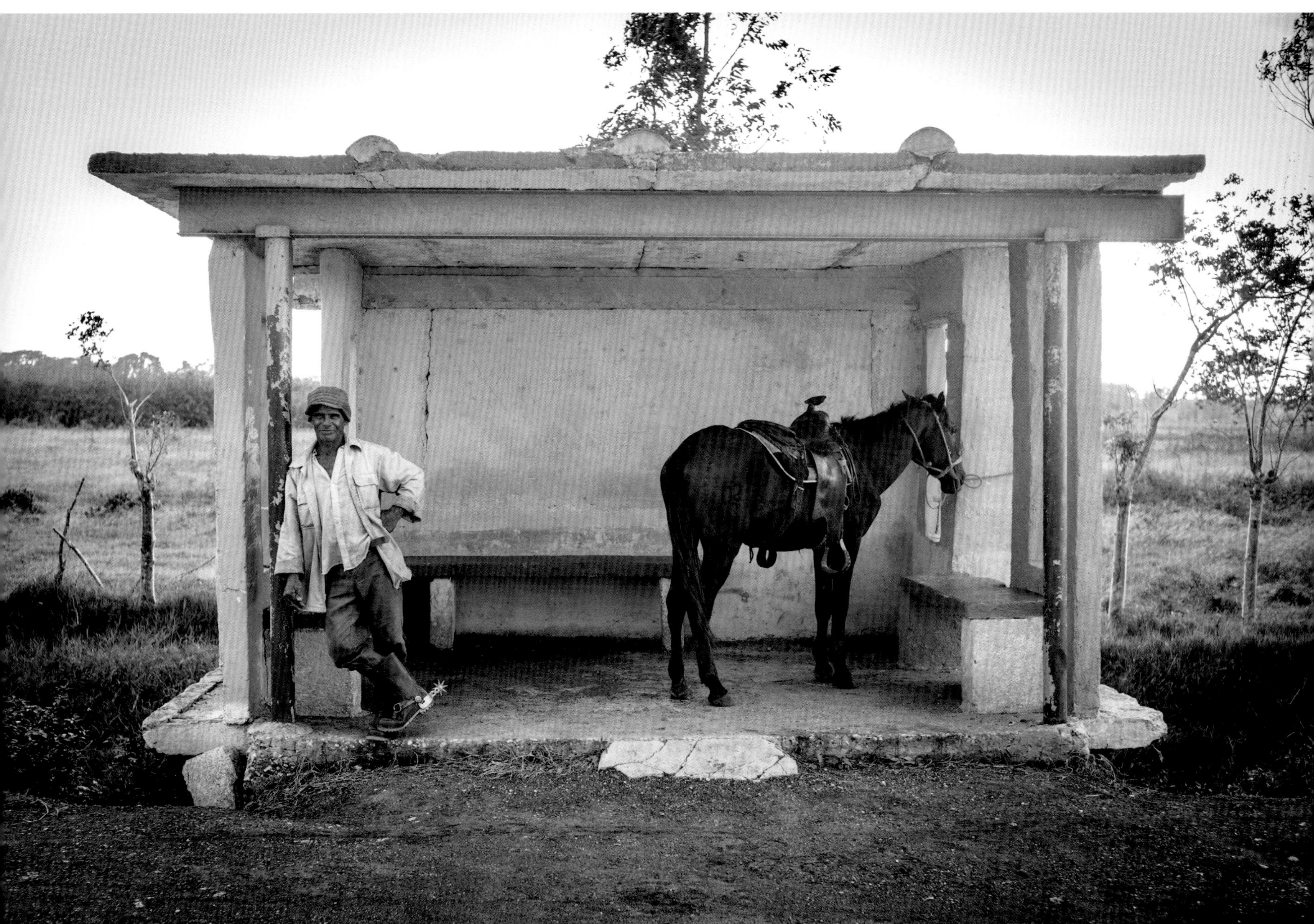

DIE KLEINE FÄHRE »LA LANCHITA«
THE HAVANA HARBOR FERRY

Mindestens einmal in der Woche nahm ich die Fähre von Alt-Havanna hinüber nach Regla oder nach Casablanca. Die Überfahrt dauert maximal zehn Minuten und kostet fast nichts. Dem Fährmann ist es egal, wie groß – oder klein – das Geldstück ist, das ich ihm in die Hand drücke, bevor ich an Bord gehe. Allerdings müssen sich die Reisenden vorher noch einem Sicherheitscheck unterziehen, damit keine Waffen oder andere gefährliche Gegenstände mit an Bord gebracht werden. Diese Vorsichtsmaßnahme rührt daher, dass in den 1990er-Jahren, also zu Zeiten der »perioda especial«, einmal eine Fähre von bewaffneten »Republikflüchtlingen« gekapert wurde, die damit nach Florida fliehen wollten.

I would take the ferry from Havana's old town to Regla or Casablanca at least once a week. The trip takes about ten minutes and costs virtually nothing—the ferryman doesn't care how big (or small) the coin is that you give him when you board. Passengers have to go through a security check to make sure nobody is carrying a weapon or other dangerous items. This precaution came into force during the »perioda especial« in the 1990s when a group of armed renegades hijacked a ferry and attempted to flee to Florida.

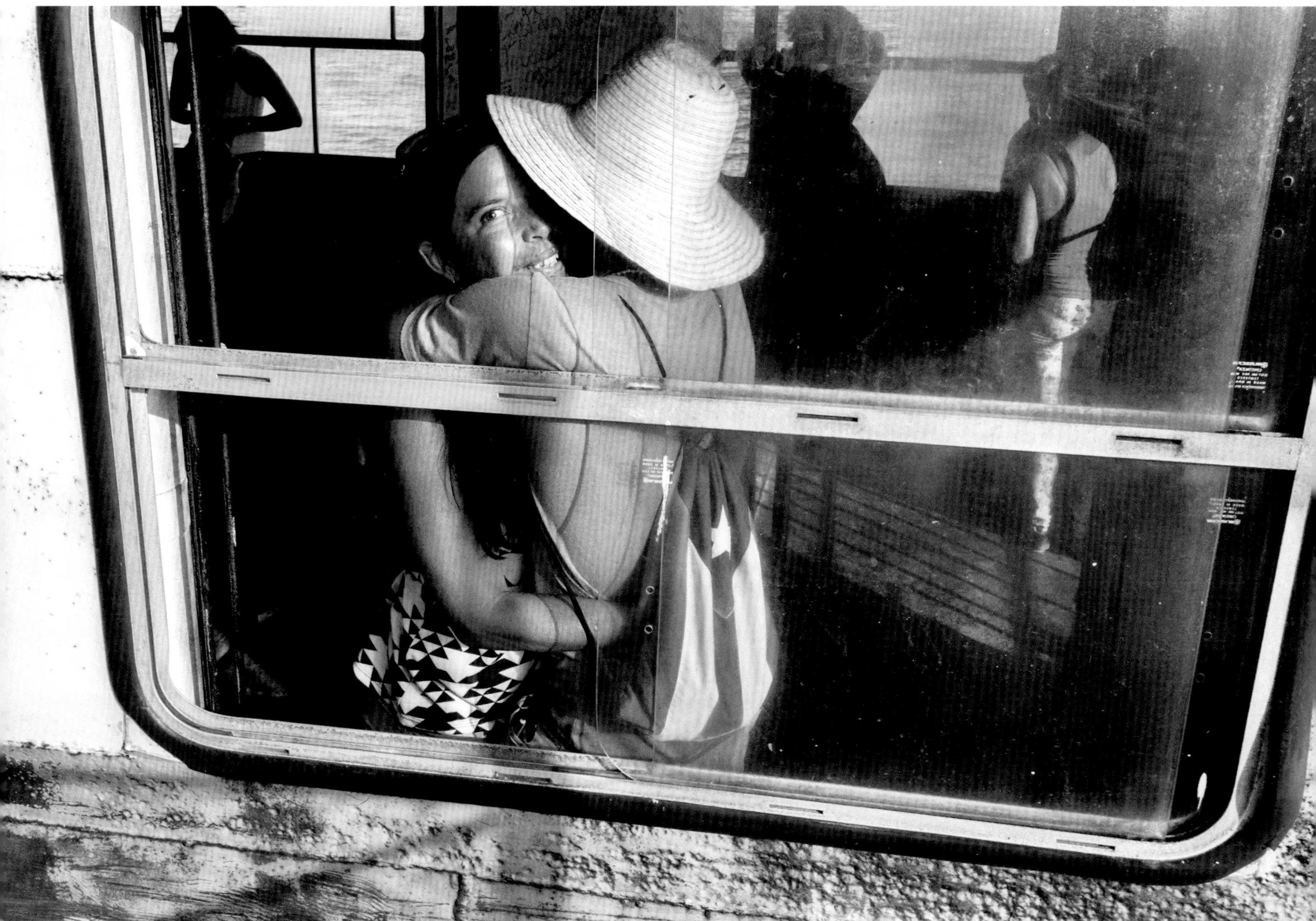

GIBT ES RASSISMUS IN KUBA?

IS THERE RACISM IN CUBA?

Nach offizieller Lesart kennt die Republik Kuba nur Gleichheit zwischen den Ethnien. Kubas weiße Mehrheitsbevölkerung, die 25 Prozent Mestizen und die zehn Prozent Schwarzen leben miteinander »in perfekter Symbiose«. Das Projekt der Gleichstellung war in der Tat bis Mitte der Achtziger Jahre sehr weit vorangeschritten, jedoch kamen mit der Öffnung des Landes sowohl die Touristen als auch der Rassismus zurück. So manch einer in der Tourismusbranche konnte sich eine goldene Nase verdienen, und es entbrannte ein harter Kampf um die besten Jobs in der Tourismusindustrie. Hier sind meistens die Angehörigen der weißen Bevölkerungsschicht die Gewinner.

Das Foto provoziert nahezu, über das Thema »Rassismus in Kuba« nachzudenken. Schaut doch die Dame in der Mitte mit heller Hautfarbe von oben und offensichtlich etwas verächtlich auf das schwarze Mädchen herab. Die Dame wurde übrigens vor einigen Jahren auf dem Wandbild links porträtiert.

Officially, the Republic of Cuba encourages equality among all ethnic groups. Cuba's white majority, the mestizos that make up 25-percent of the population, and the blacks that make up 10-percent of the population live with each other in supposed »perfect harmony.« The Equality Project in Cuba was, in fact, very advanced until the mid-1980s when the opening of the country brought with it both tourists and racism. Good money could be earned in the tourism industry, and so a battle for the best jobs in tourism began. Here, the winners are mostly members of the white (Caucasian) sector of the population.

This photo provokes thoughts on the subject of racism in Cuba. The Caucasian lady looks down on the black girl with obvious contempt. Incidentally, this lady was portrayed on the mural behind her several years ago.

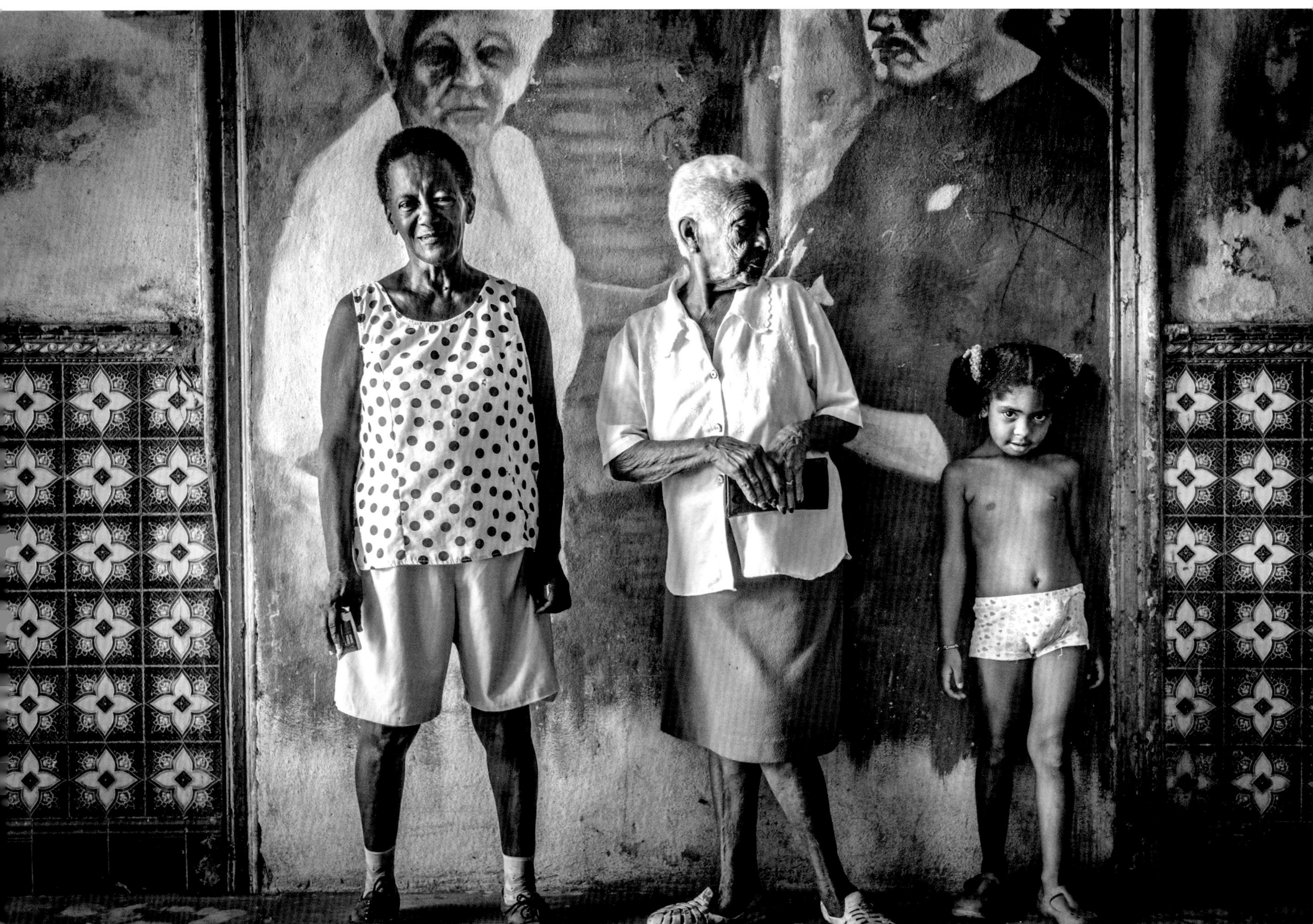

IM KINO
AT THE MOVIE THEATER

Das alte Kino befindet sich in Centro Havanna. Bevor man in den Kinosaal mit den Klappstühlen kommt, muss man am Kassenhäuschen im Vorraum vorbei. Hier sind Relikte aus vergangenen Zeiten zu sehen, wie beispielsweise alte Filmprojektoren oder eine nachgebaute Filmklappe. An den Wänden hängen Poster von Bruce Lee, John Wayne und anderen Helden vergangener Tage.

Im Vorführraum selbst, da wo früher einmal die große Leinwand hing, steht heute ein furnierter Schwarz-Weiß-Fernseher, noch aus den Zeiten der Sowjetunion. Lange bevor die Sowjetunion ihre Freundschaft zu Kuba aus Geldmangel aufkündigen musste, hatte der Fernseher schon seinen Geist aufgegeben.

Das vorhandene Equipment wird ohnehin nicht mehr benötigt, dient der ehemalige Vorführraum doch heute nur noch als heimlicher Ruheraum für Obdachlose, die es in Kuba ja offiziell nicht geben darf. Hier finden sie oft für ein paar Stunden Ruhe und können sich ausschlafen. Wenn sie mehrmals auf der Straße schlafend erwischt werden, drohen ihnen harte Strafen, bis hin zu Gefängnis.

This old movie theater is located in Centro Havana near Barrio Chino. To get to the folding seats in the main theater you have to pass the box office in the foyer, where you can see relics of the old days, such as film projectors, spotlights, and a mockup clapperboard. The walls are covered with posters showing Bruce Lee, John Wayne, and other heroes of days gone by.

On the stage in the main theater where the screen used to be there is now a wood-veneered black-and-white TV from Soviet times, although the TV broke long before the Soviet Union ended its friendship with Cuba due to a lack of funds.

The projection equipment isn't required any more anyway, and the projection room serves as a secret quiet space for homeless people, who don't officially exist in Cuba. Here, they can sleep or relax for a couple of hours. If they are found sleeping on the street more than once, the result is often a heavy fine or even a spell in prison.

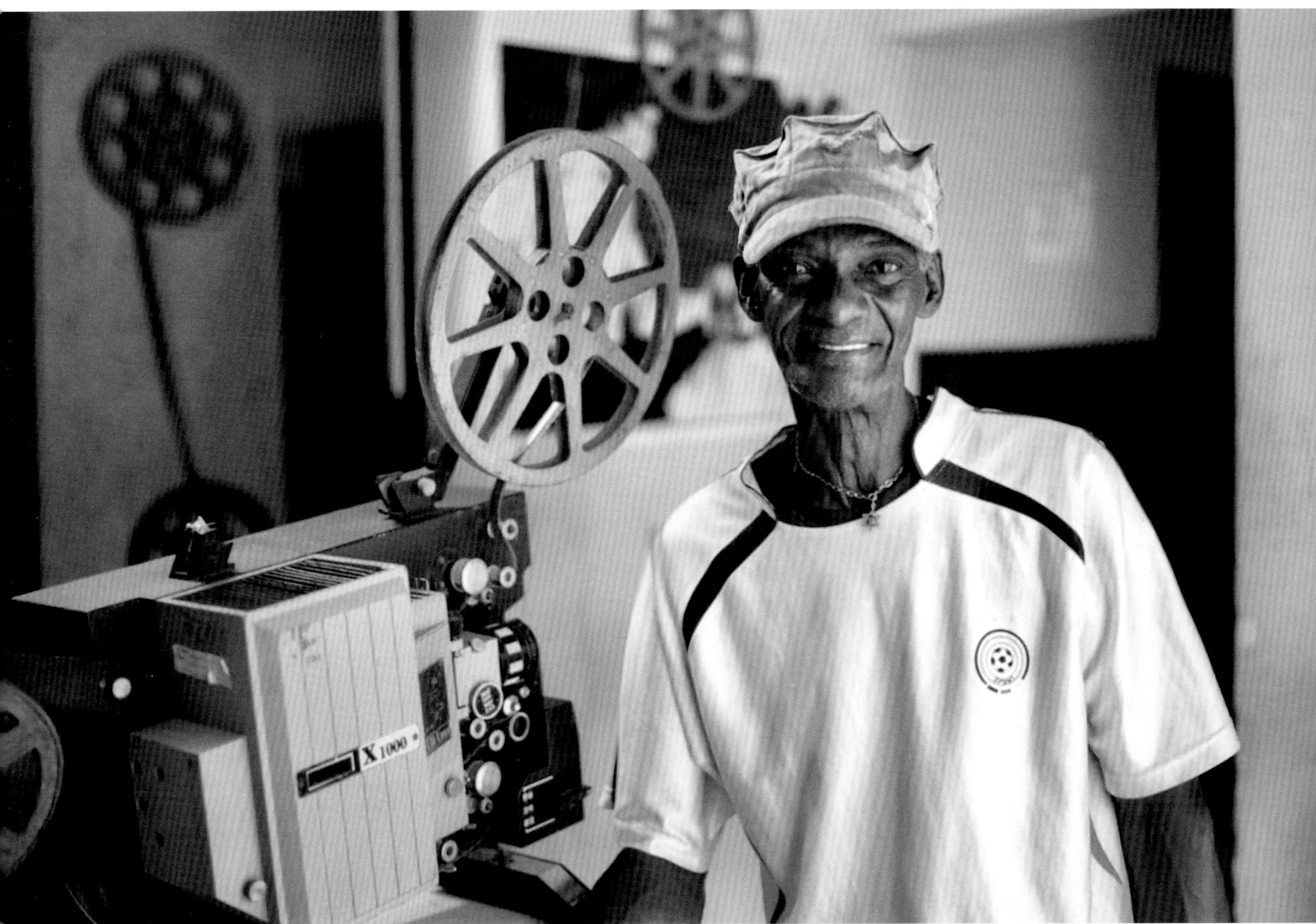

HURRIKAN SANDY 2012
HURRICANE SANDY 2012

Der Tropensturm Sandy bildete sich 2012 im Karibischen Meer und zog dann nordwärts über Jamaika, Kuba und die Bahamas, bevor er das Festland der Vereinigten Staaten erreichte. Auf seiner Bahn richtete Sandy erhebliche Schäden an. Dutzende von Menschen wurden durch die Auswirkungen des Sturms getötet. Vor allem in Kuba verloren viele ihr gesamtes Hab und Gut.

Insbesondere die Nachbarländer, welche nicht so stark von dem Sturm betroffen waren, zeigten Mitgefühl mit den Menschen in Kuba und spendeten containerweise alles Mögliche, zum Beispiel Matratzen, Decken und Haushaltsgeräte. Meine kubanischen Freunde erzählten mir, dass die Regierung die gespendeten Waren in die staatlichen Geschäfte bringen ließ, und wer Geld hatte, konnte sich das kaufen, was er durch Sandy verloren hatte.

In the fall of 2012, Hurricane Sandy formed in the Caribbean Sea and moved over Jamaica, Cuba, and the Bahamas before battering the mainland of the United States. On its path, the storm caused serious damage and killed dozens of people. Many Cubans lost everything they had.

People from neighboring countries were sympathetic to Cuba's plight and offered their support in the form of container-loads of mattresses, blankets, and household appliances. My Cuban friends told me that instead of distributing the donations to those in need, the government put the donations in state-owned shops, and only those who had enough money could purchase replacements for the things they had lost.

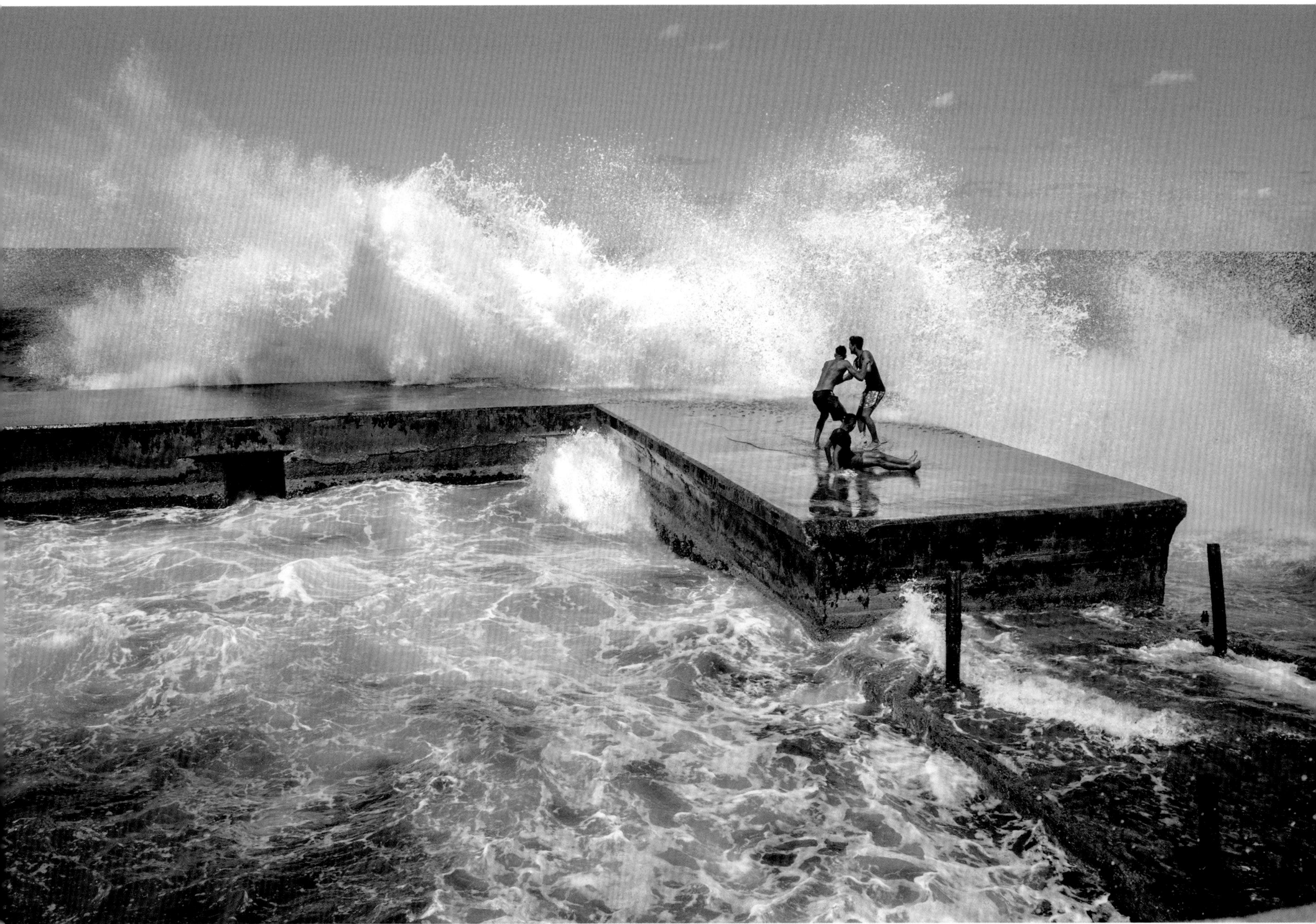

ZU NAHE DRAN
GETTING TOO CLOSE

Hier ging ich wohl zu nah ran mit meiner Leica. Der Referee kam schnurstracks auf mich zu und verwies mich vom Platz. Mir fiel dazu der legendäre Spruch von Robert Capa ein »Wenn Dein Bild nicht gut ist, warst Du nicht nah genug dran«.

It seems I got too close with my Leica. The referee spotted me and threw me out. This reminded me of Robert Capa's advice, »If your pictures aren't good enough, you're not close enough«.

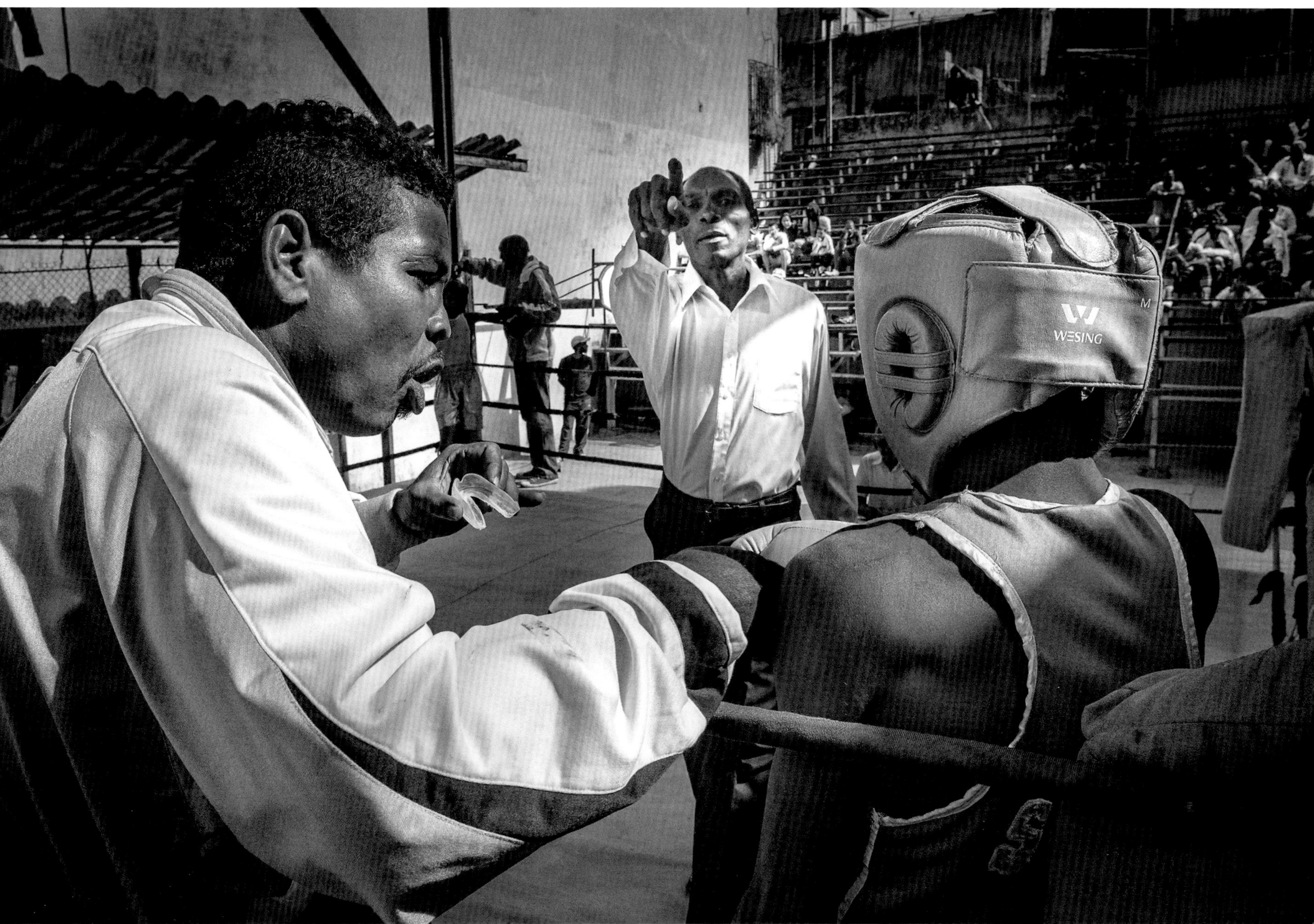

WESING
M

MARIANA

Sie ist die Großmutter meiner Frau Somaida und hat, da die eigene Mutter nicht anwesend war, hauptsächlich ihre Erziehung übernommen. Sie verstarb im letzten Jahr und dürfte so Mitte 90 geworden sein. Wie alt genau sie war, konnte mir niemand von der Familie sagen. Ursprünglich stammt Mariana aus den Bergen der Sierra Maestra im Osten Kubas, von wo aus die Männer – und einige wenige Frauen – um Fidel Castro die Revolution einst nach Havanna getragen haben. Einmal erzählte sie uns, dass sie zusammen mit Freundinnen »den bärtigen Männern in den Bergen« Kaffee serviert hätte. Obwohl die kubanische Revolution Schulbildung auch in die entlegensten Dörfer Kubas brachte, hat Mariana nie lesen und schreiben gelernt. Ihr Leben war nicht einfach, der tägliche Kampf um Nahrungsmittel ihr Job. Für Mariana war Fidel Castro vor allem deshalb ein Held, weil er die Rassentrennung in Kuba abgeschafft hat.

Mariana is my wife Somaida's grandmother and, because Somaida's mother wasn't around, Mariana was largely responsible for her upbringing. Mariana died last year in her mid-90s, though nobody in the family knew exactly how old she was. She came from the mountains of the Sierra Maestra in eastern Cuba where Castro's men (and his few women) began their revolutionary march on Havana. She once told me how she and her friends had served coffee to the »bearded men in the mountains.« Although the revolution brought education to even the most remote villages, Mariana never learned to read and write. Her life was never easy and she had to fight every day to put food on the table. Above all, Fidel Castro was Mariana's hero because he abolished segregation in Cuban society.

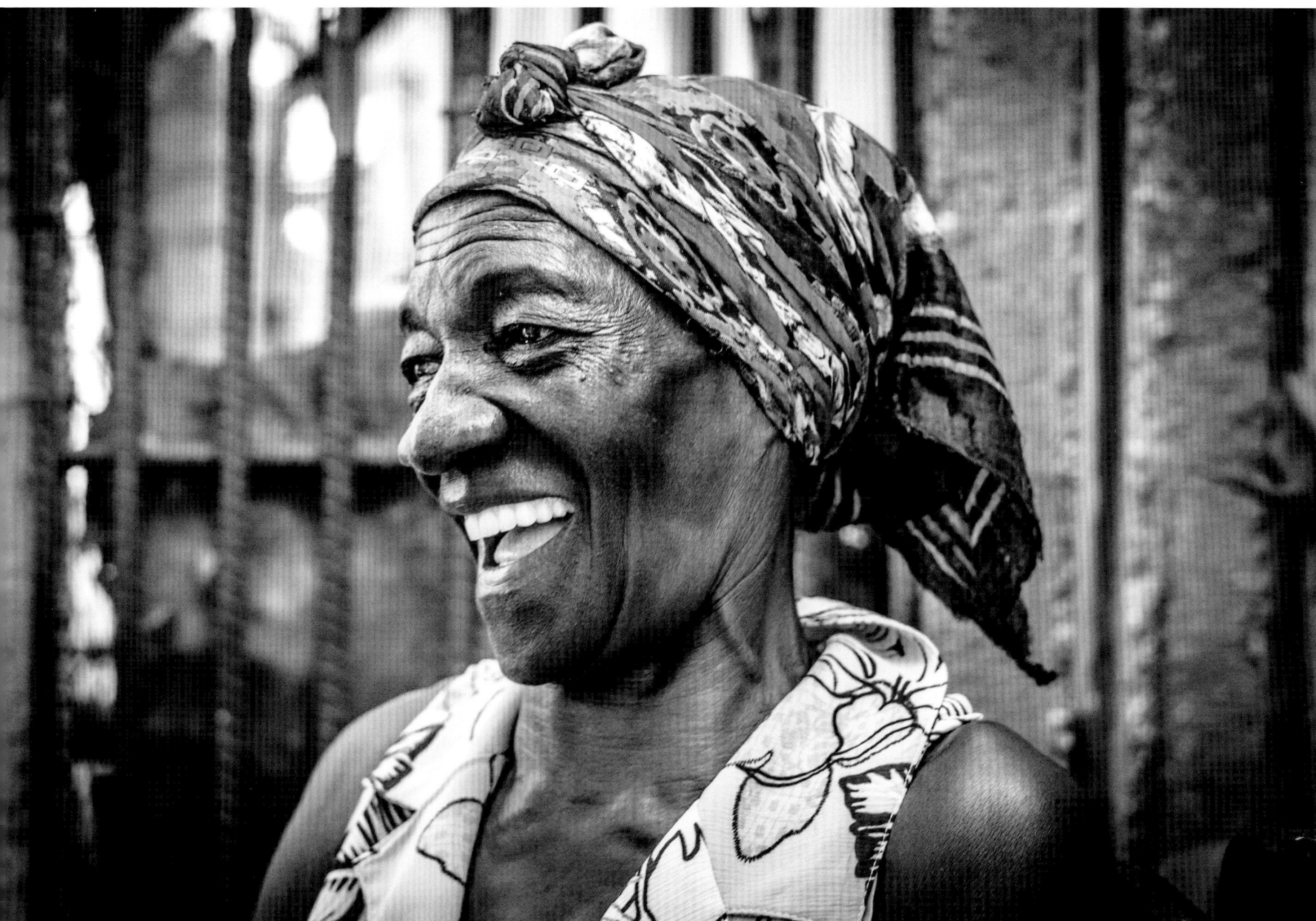

LOS GUARACHEROS DE REGLA

Die Karnevals- und Tanzgruppe »Los Guaracheros« aus Regla gibt es schon seit 1959 und ist mittlerweile in ganz Kuba bekannt. Jedes Jahr werden in Havanna Preise für die besten Tanzgruppen vergeben und die versierten Tänzer von »Los Guaracheros« landen immer auf den vordersten Rängen. Ursprünglich bildeten junge Erwachsene im College-Alter und älter den harten Kern der Tanzgruppe, aber als Raul Castro 1965 beschloss, jeden Mann über 15 Jahren zum Militärdienst zu schicken, gab es kaum noch Nachwuchs.

Das Foto entstand im September 2018, als der Karnevalsverein »Rote Funken« aus Köln zusammen mit der Gruppe »Die Höhner« Havanna besuchten.

The dance group »Los Guaracheros« from Regla has been around since 1959 and is well known in Cuba. Every year prizes are given for the best dance groups in Havana and the accomplished dancers of »Los Guaracheros« always end up in the top ranks. Originally, both college-age and older dancers formed the core of the group, but when Raul Castro decided in 1965 to send every man over the age of 15 into military service, there were hardly any young dancers left, so today the performers are made up of a quickly aging troup.

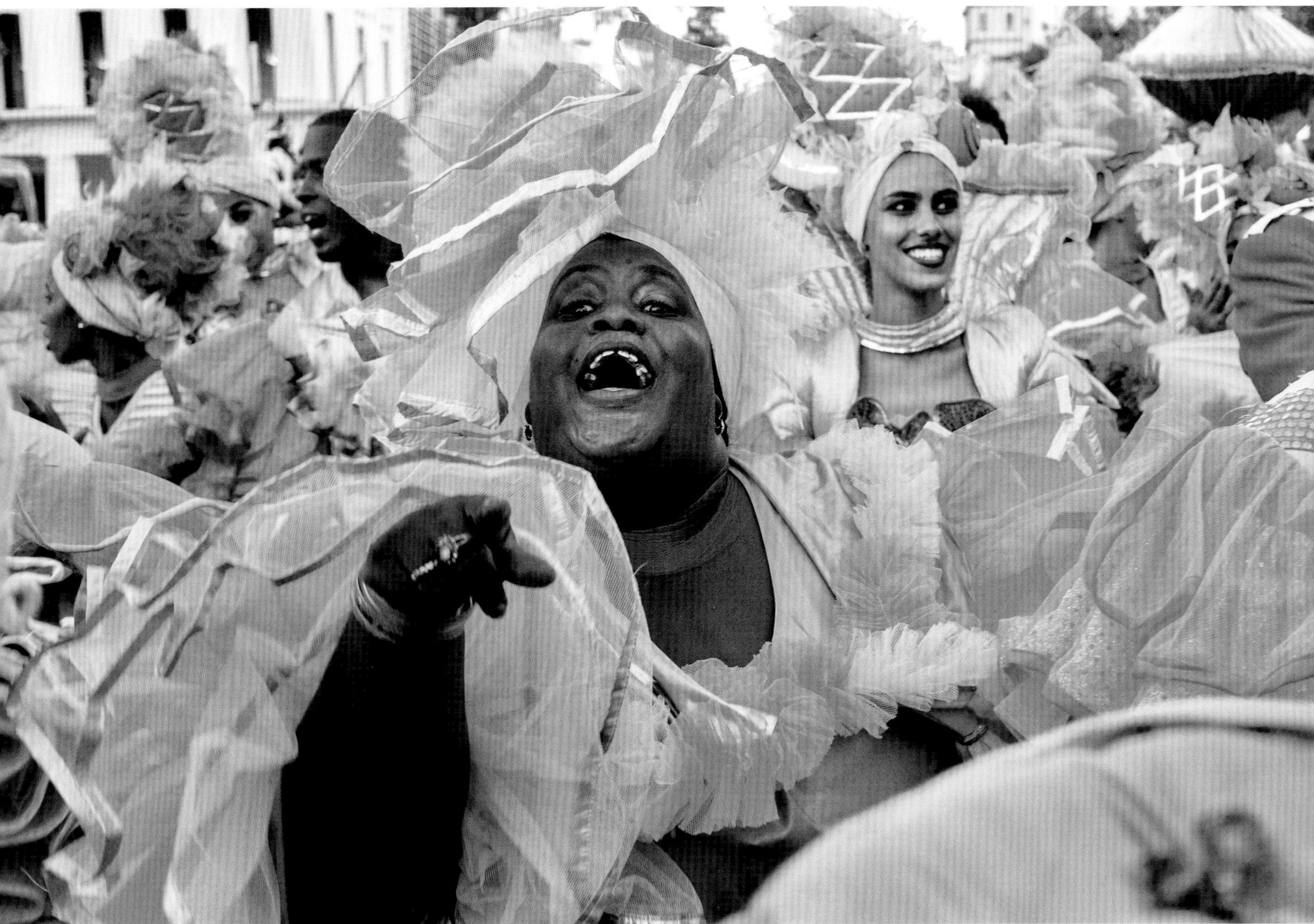

SÜSSE TRAUBEN
SWEET GRAPES

Die Trauben hängen an einzelnen Schnüren wie Würste an einem Stock. Der Verkäufer geht am Malecón auf und ab und preist sein Produkt als »süße Trauben« an. Aber ich kann versichern, sie sind so sauer, dass es einen am ganzen Körper schüttelt.

The grapes are hung on strings like German sausages on a stick, and the seller strolls up and down the Malecón singing praises of his »sweet grapes.« In fact, they are so sour that eating them is sure to give you the shivers.

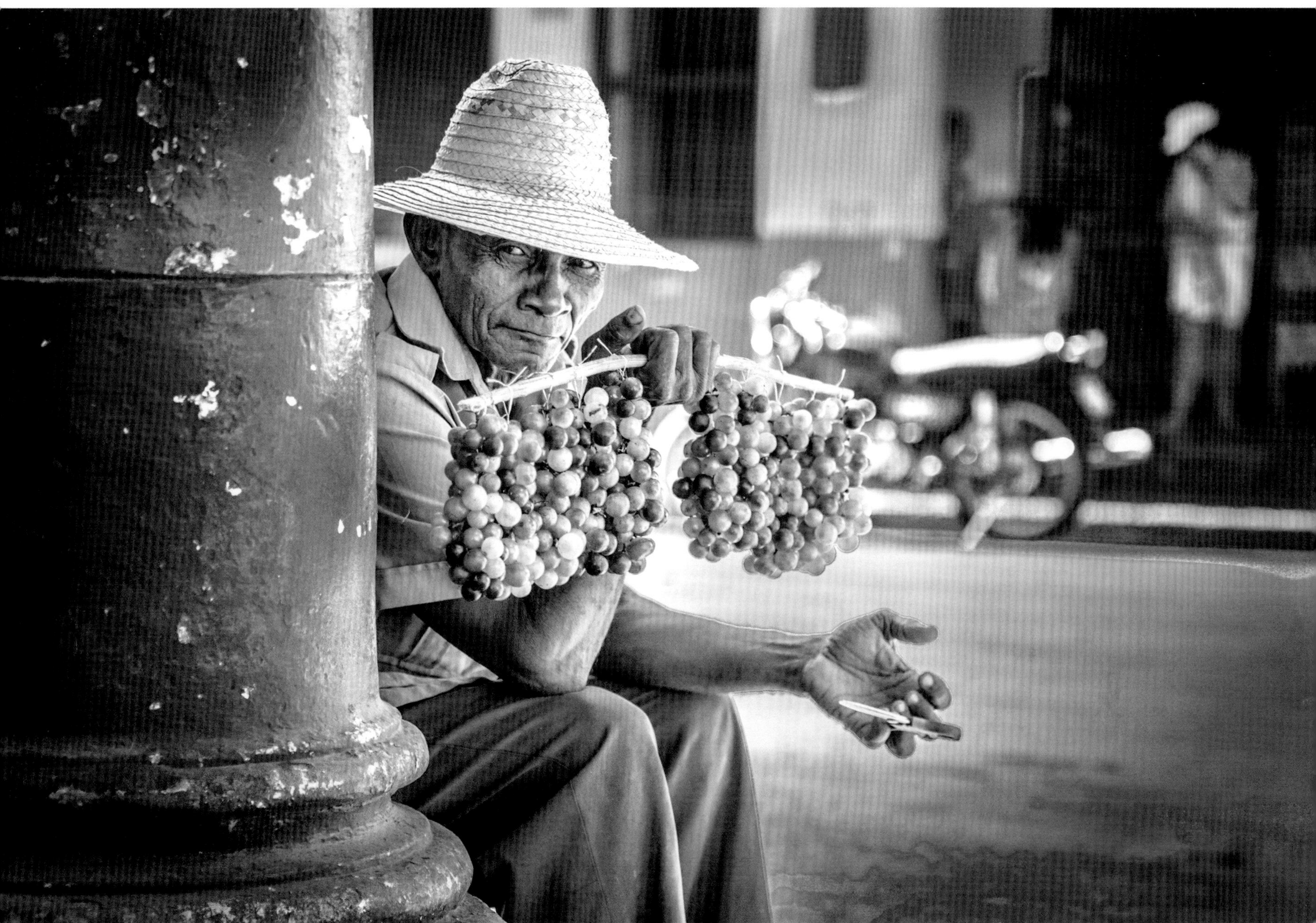

EIN SOHN OHNE VATER

FATHERLESS CHILD

Miguel hat seinen leiblichen Vater in seinem Leben kaum zu Gesicht bekommen. Er war noch ein Baby, als die Polizei seinen Vater mitten in der Nacht zu Hause abholte und ihn mitnahm. Zusammen mit einem Freund hatte er eine Kuh vom Feld gestohlen und sie heimlich geschlachtet. Das Fleisch der Kuh wurde illegal an die Dorfbewohner verkauft. Ein Nachbar hatte Miguels Vater an die Polizei verraten, und er wurde zu zwölf Jahren Gefängnis verurteilt.

Die Kühe gehören dem kubanischen Staat, und wer eine Kuh stiehlt und schlachtet, wird hart bestraft. Nach dem Gesetz stiehlt der Dieb nicht nur das Eigentum des Staates, sondern, was viel schlimmer ist, er beraubt auch die kubanischen Kinder der Milch, damit sie gesund aufwachsen können. Nach einer gefühlten Ewigkeit wurde Miguels Vater freigelassen. Doch als eine Woche später ein Schwein im Dorf verschwand, wurde Miguels Vater sofort verdächtigt, der Dieb zu sein, und er musste zurück ins Gefängnis. In der Zwischenzeit sind 24 Jahre vergangen, in denen Miguel ohne einen Vater aufwachsen musste.

Miguel hardly knows his father: He was still a baby when the police came in the middle of the night and took his father away. His father and a friend had stolen a grazing cow and killed it for the meat, which they sold on the black market to the local people. A neighbor snitched on him and he was sentenced to twelve years in prison.

Cattle in Cuba belong to the state, so stealing and slaughtering a cow carries a harsh penalty. According to the law, Miguel's father not only stole state property—much worse was the fact that he had deprived Cuban children of their milk and therefore their future health. He was released after what seemed like an eternity, but a week later he was accused of stealing a pig that had gone missing and was sent back to prison. Miguel has lived 24 years, almost his whole life, without his father.

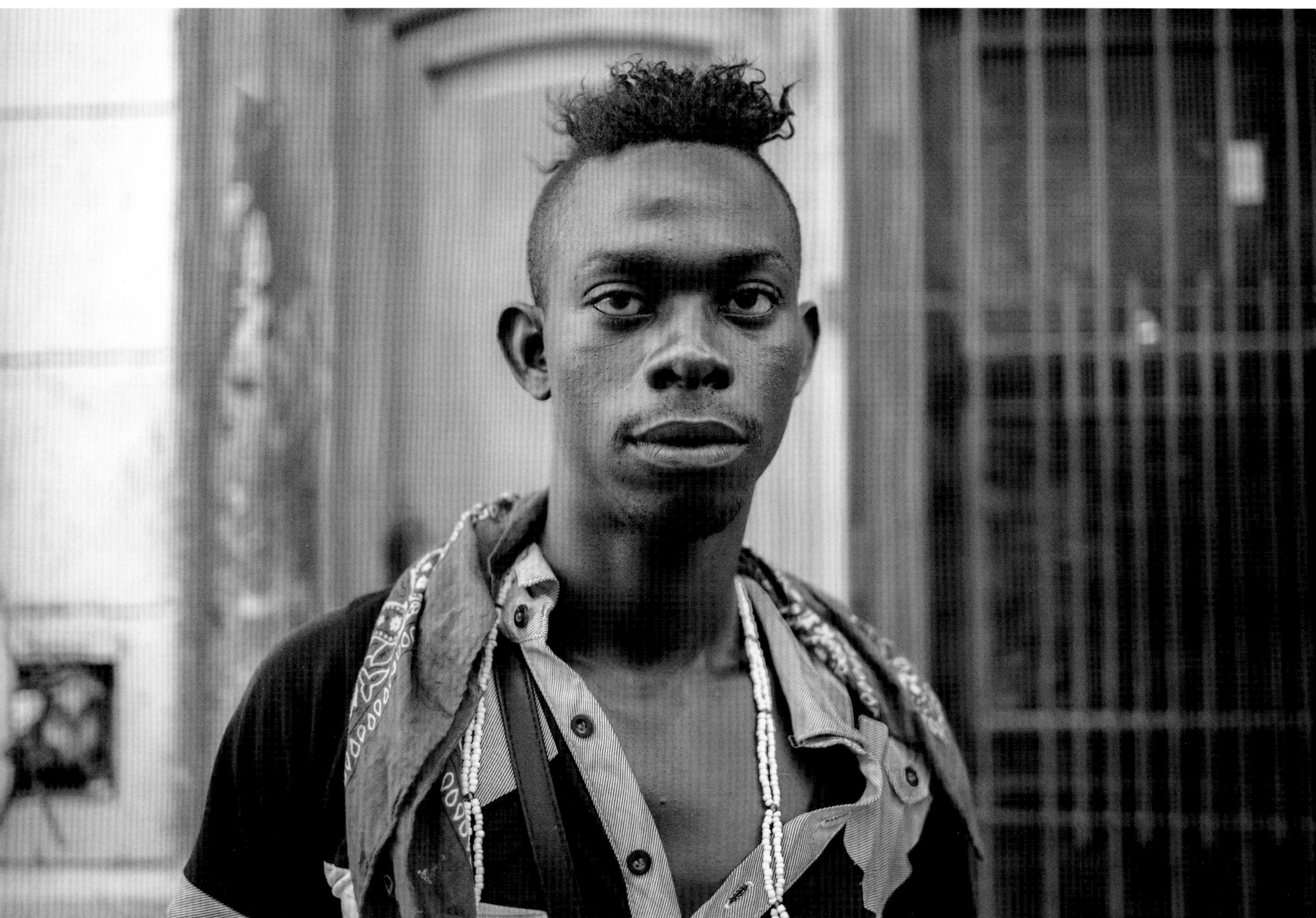

KAPITALISMUS WAGEN
DARE TO EMBRACE CAPITALISM

Raúl Castro hat im Jahre 2012 beschlossen, ungefähr eine Million Staatsangestellte in die Selbstständigkeit zu entlassen.

Mein Freund Carlos, der vorher als »Bell Boy« im Hotel Florida arbeitete, war einer von ihnen. Er verdiente mit Trinkgeld etwa 200 Dollar im Monat. Es ging ihm damit sehr gut! Die Entlassung als staatsangestellter »Bell Boy« stürzte ihn jedoch in die Krise. Denn nicht nur er, sondern auch seine Frau, die als Krankenschwester arbeitete, wurde entlassen. Carlos war verzweifelt, hatte doch seit seiner Geburt immer der Staat die Entscheidungen für ihn getroffen.

Nach einigen Tagen der Verzweiflung holte er den alten Chevrolet Bel Air 53 seines Vaters aus der Garage und machte ihn wieder flott. Es dauerte einige Wochen, bis die Karre wieder lief. Heute fährt er Touristen für 35 Dollar von Alt-Havanna zum Flughafen. Im Schnitt macht er vier Touren am Tag und kommt auf stolze 4.000 Dollar im Monat. Obwohl der Staat die Steuer 2020 verdoppelt hat, hat sich der Schritt in die Selbstständigkeit für ihn gelohnt. Heute liebt Carlos den Kapitalismus!

In 2012 Raúl Castro laid off about a million state employees and declared them self-employed.

My friend Carlos, who used to work as a bellhop and porter in the Hotel Florida, was one of them. In the old days, including tips, he could earn as much as 200 dollars per month and was able to support his mother in Regla. He was doing really well! Losing his state-sponsored job was a disaster and his wife, who worked as a nurse, was laid off as well. Ever since he was born, the state had made all of Carlos's decisions for him and Carlos was desperate.

After a few days' anguish, he hauled his father's old '53 Chevrolet Bel Air out of the garage and set about repairing it. It took him a few weeks to get it working, and now he shuttles tourists from Havana's old town to the airport for 35 dollars a pop. He makes an average of four trips a day and ends up earning more than 4,000 dollars a month. Even though the state doubled his taxes in 2020, he still earns a relative fortune. These days, Carlos loves capitalism!

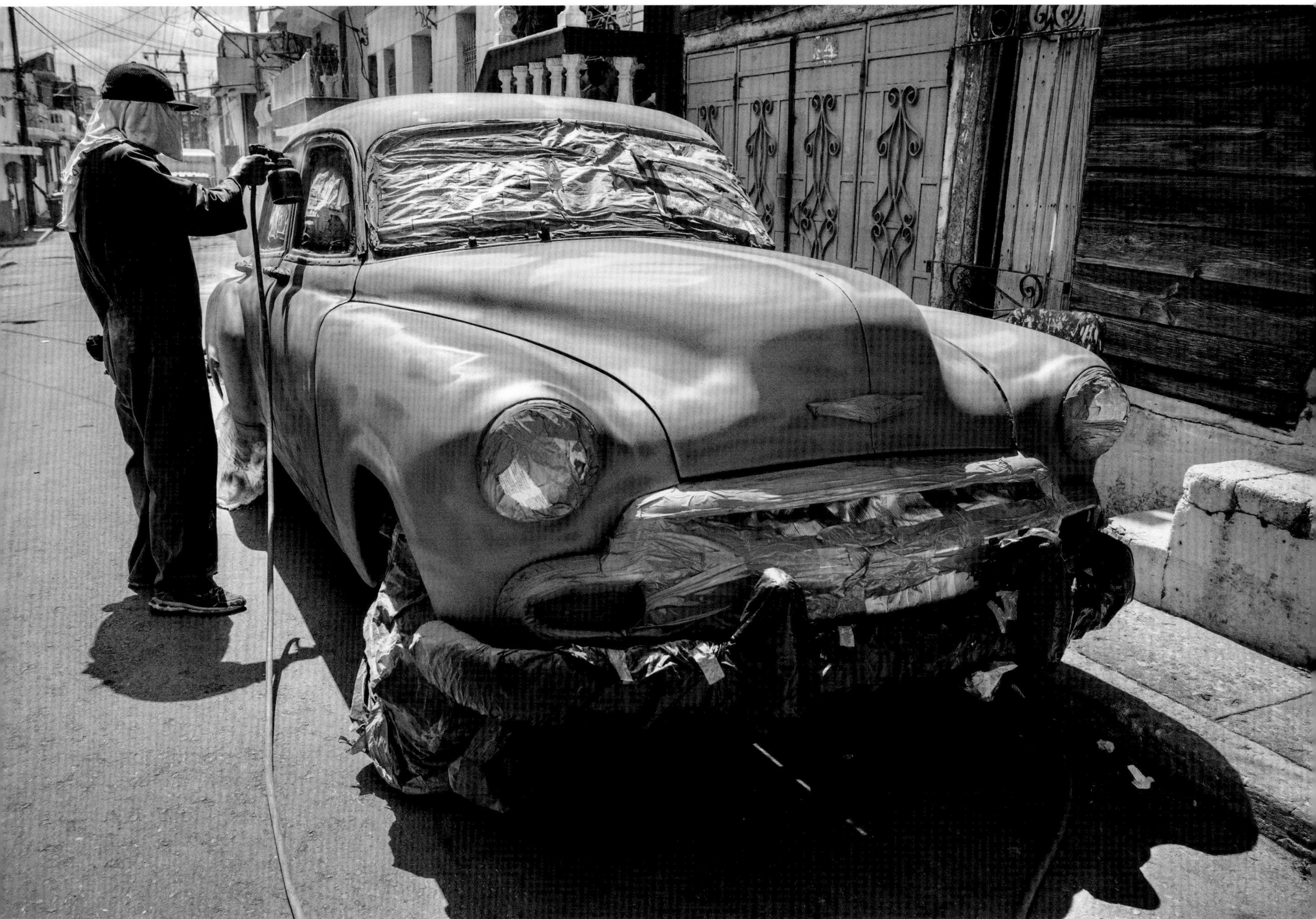

KUBA UND DAS US-EMBARGO
CUBA AND THE US EMBARGO

Seit mehr als 60 Jahren ist Kuba einem Wirtschaftsembargo durch die USA ausgesetzt, und trotz mehrerer UN-Resolutionen ist es nicht gelungen, diesen Sanktionen ein Ende zu bereiten. Genaugenommen hat das Embargo zum Ziel, die von Import und Export abhängige Wirtschaft des Landes in den Zusammenbruch zu zwingen und die kubanische Regierung zu stürzen.

Anfangs war ich der Meinung, dass das sozialistische System alleine daran schuld sei, dass in Kuba ständig Mangelwirtschaft herrscht. Kuba hat einen fruchtbaren Boden und es könnten genügend Nahrungsmittel für das eigene Volk produziert werden. Ein großer Teil der Nahrungsmittel kommt jedoch nur zu überteuerten Preisen über den Schwarzmarkt zur Bevölkerung.

Mittlerweile habe ich erkannt, dass eine Gesellschaft nur dann überleben oder gar prosperieren kann, wenn ein Austausch von Waren und Ideen mit anderen Ländern stattfindet. In der Geschichte sind viele Gesellschaften aus den unterschiedlichsten Gründen verschwunden. Aber eine Gemeinsamkeit haben alle: fehlender Kontakt, sei es durch Feindschaft oder Krieg, zu anderen Gesellschaften.

For more than 60 years, the United States has enforced an embargo against Cuba, and despite some UN resolutions, this embargo has never been lifted. The embargo was intended to weaken the Cuban economy and to overthrow the Communist regime.

Initially, I felt that the socialist economic system, along with a fair amount of corruption, was to blame for the strained economy in Cuba with their continual shortages of goods. The Cubans say that the »bloqueo« within the country itself is even worse than the blockade from outside. Cuba's fertile soil could produce enough food for its own people. Despite the US embargo, these days, Cubans are able to choose between Coca-Cola and Pepsi: both are available, however, the citizens cannot afford either one. Much of the food is available only on the black market and it's greatly overpriced.

I have come to realize that a society can only prosper, or even just survive, if there is an exchange of goods and ideas with other countries. Many cultures and societies of the past have disappeared for a variety of reasons but they all had one thing in common: a lack of contact with other societies due to enmity or war.

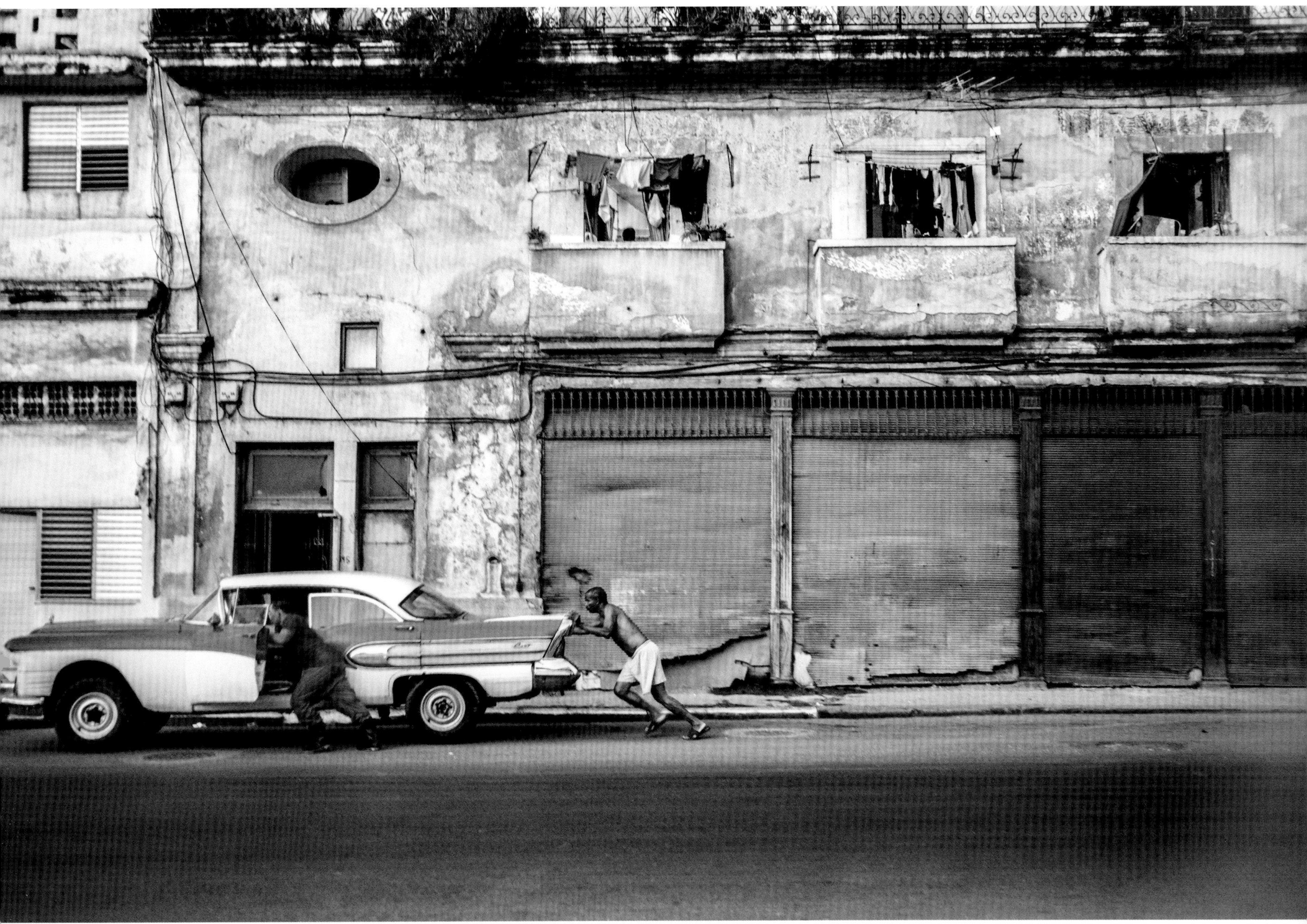

KÖNNEN KUBANER SCHWIMMEN?
CAN CUBANS SWIM?

Irgendwann während meiner vielen Reisen durch Kuba fiel mir auf, dass ich noch nie einen Kubaner schwimmen gesehen hatte. Außer vielleicht die Jungs am Malecón in Havanna, die sich an heißen Tagen einen Spaß daraus machen, mit langem Anlauf ins Hafenbecken zu springen.

Kuba ist umgeben von Wasser, kaum ein Kubaner hat es weiter als vielleicht 120 Kilometer, um ans Meer zu kommen, sei es das Karibische Meer oder der Atlantik. Und trotzdem können nur die wenigsten von ihnen schwimmen. Da der kubanische Staat ja alles bis ins Kleinste kontrolliert, dachte ich anfangs, nicht schwimmen zu können sei vielleicht eine Verordnung, eine Art Gesetz sozusagen. Damit bloß niemand auf die Idee kommt, nach Florida zu flüchten. Aber mittlerweile denke ich, dass es den Kubanern nicht so wichtig ist, schwimmen zu können. Sie haben andere Prioritäten. Denn wenn die Kubaner, vornehmlich am Wochenende, ans Meer gehen, dann stehen sie oft stundenlang im Wasser und haben meistens eine Flasche Rum in der Hand.

At some point during my many travels around Cuba, I noticed that—apart from the boys who take a running jump into the harbor on hot days at the Malecón—I had never actually seen a Cuban swimming.

Cuba is an island surrounded by water and no Cuban has to travel more than 80 miles to reach the Caribbean Sea or the Atlantic Ocean. In spite of this, very few Cubans actually know how to swim. Because the state controls even the tiniest details of daily life, I initially thought that not being able to swim was some kind of law designed to prevent people from escaping to Florida. These days, I am pretty sure that Cubans simply don't care whether they can swim or not. They have other priorities. When Cubans go to the ocean (usually on the weekend) they simply wade in the water for hours at a time, often with a bottle of rum at hand.

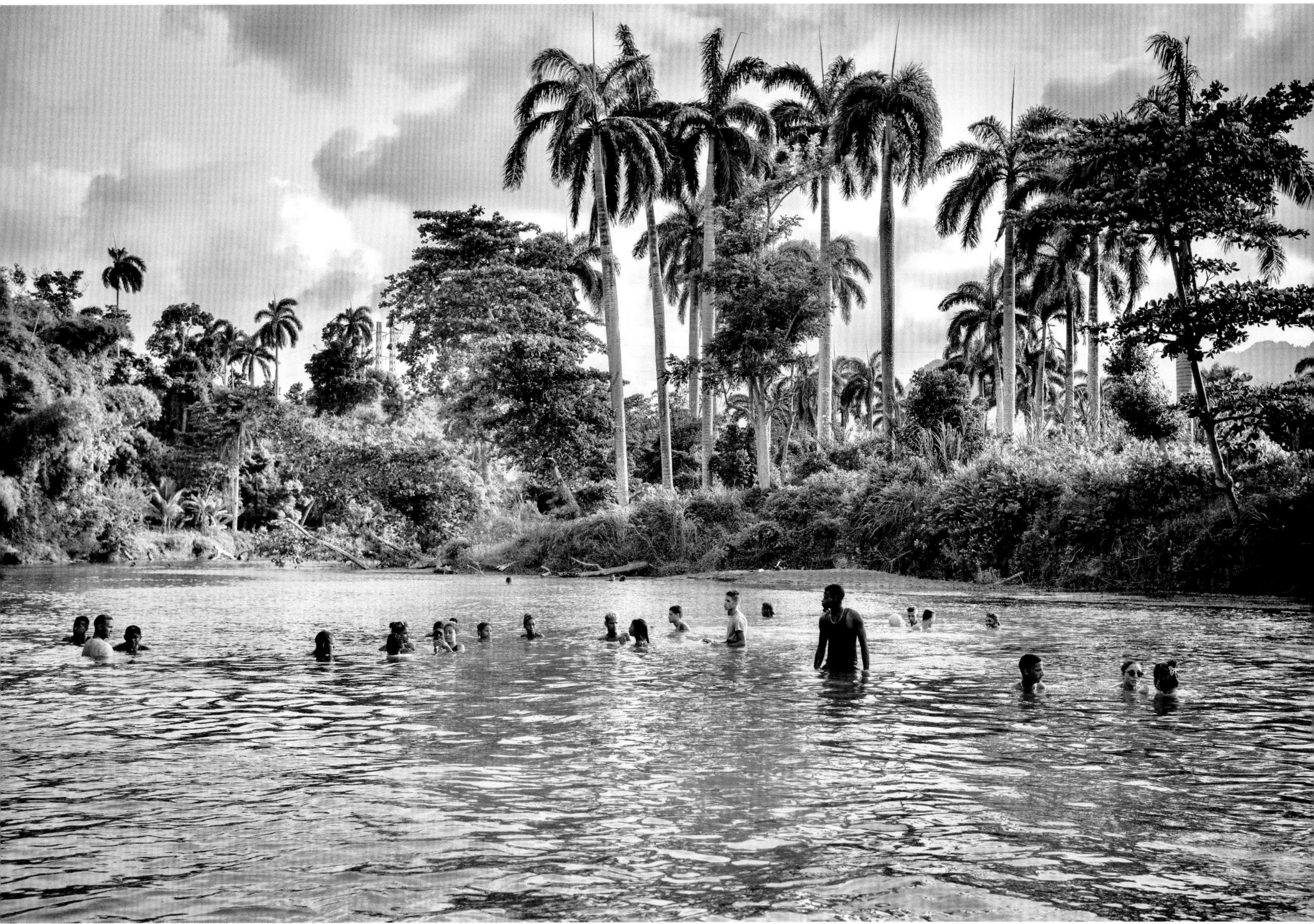

IN DER SIERRA MAESTRA
IN THE SIERRA MAESTRA

Wenn ich in Bayamo bin, nutze ich oft die Gelegenheit und fahre hinauf in die Sierra Maestra, ein relativ unwegsames Gebirge im Osten Kubas. Sie war Ausgangspunkt und Rückzugsort für Fidel Castro und seine Revolutionäre.

Die Bauern lebten dort vor der Revolution weit verstreut und hatten kaum Kontakt zur Außenwelt. Erst nach der Revolution wurde hier die Infrastruktur ausgebaut und weit abgelegene Gehöfte näher an die Straße gelegt, sodass auch in dieser Gegend eine angemessene medizinische und schulische Versorgung sichergestellt werden konnte.

Für die Menschen hier änderte sich wenig, sie bekommen weder vom Tourismus noch von den politischen Entscheidungen in der Hauptstadt etwas mit. Was sie zum Leben brauchen, bauen sie als Selbstversorger an.

When I am in Bayamo, I often drive up to the Sierra Maestra, a remote mountain range in the east of Cuba, which once served as a base and hideout for Fidel Castro and his revolutionaries.

Before the revolution, farms were scattered over a wide and rough area that was isolated from the outside world. After the revolution, roads were built to give the farmers and their families' access to medical care and education.

Other than that, not much has changed for the people of the Sierra Maestra. Tourism hasn't affected their lives, nor have the political decisions made in Havana. Whatever they need, they grow, harvest, and produce themselves.

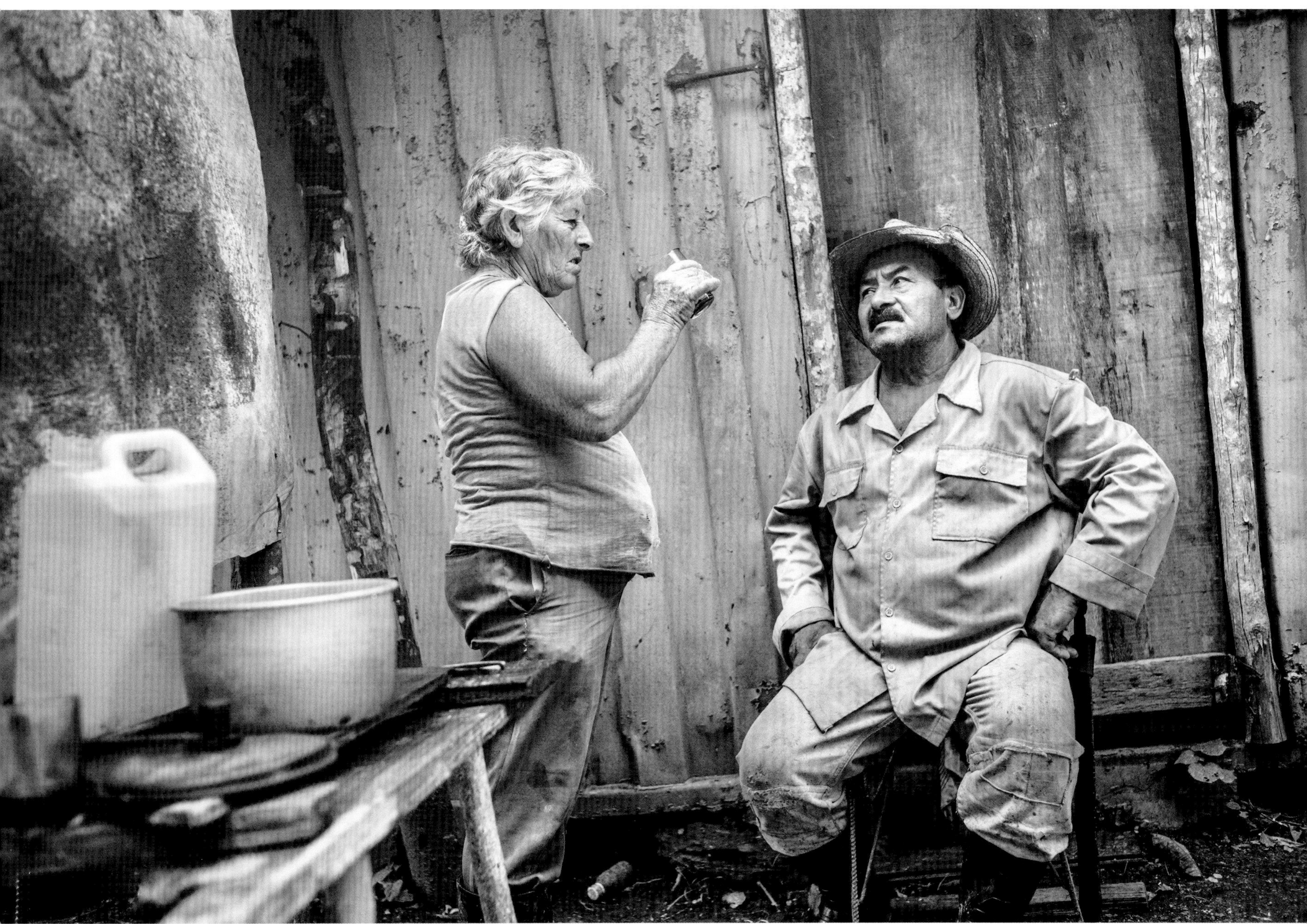

STAHLARBEITER

STEEL WORKERS

Mit der kleinen Fähre geht es manchmal hinüber nach Casablanca, einem eher langweiligen Ort auf der anderen Seite des Hafens von Havanna. Wenn ich übersetze, habe ich kein Ziel und möchte eigentlich nur dem hektischen Treiben der Großstadt entfliehen. Die Hitze ist im Sommer oft unerträglich, dennoch folgte ich einmal schweren Schrittes den Schienen einer Eisenbahn, die nur noch gelegentlich in Betrieb ist – wenn überhaupt. Nach einigen hundert Metern Fußmarsch landete ich schließlich in einem Stahlwerk, duckte mich am gelangweilten Wachposten vorbei und ging hinein in die Fabrik.

Mein unerwarteter Besuch war eine willkommene Abwechslung für die Arbeiter, die an diesem Tag einen Berg von Aluminiumdosen einschmolzen und zu Schiffsschrauben verarbeiteten. Ich bin mir sicher, dass es nur wenigen Ausländern gelungen ist, Einblick in den Produktionsablauf eines Aluminiumwerks in Kuba zu erhalten.

Sometimes I take the ferry to Casablanca, a colorless town across the harbor from Havana. I usually head over simply to escape the bustle of the city. The summer heat there is often unbearable but one day, on heavy legs, I followed the disused railroad tracks for a few hundred yards and came across a steelworks. I ducked past the bored security guard and headed into the factory building.

My unexpected visit was a welcome change for the workers, who were busy melting a huge heap of aluminum cans to make ships' propellers. I am sure that few foreigners have ever seen the production line in a Cuban aluminum plant.

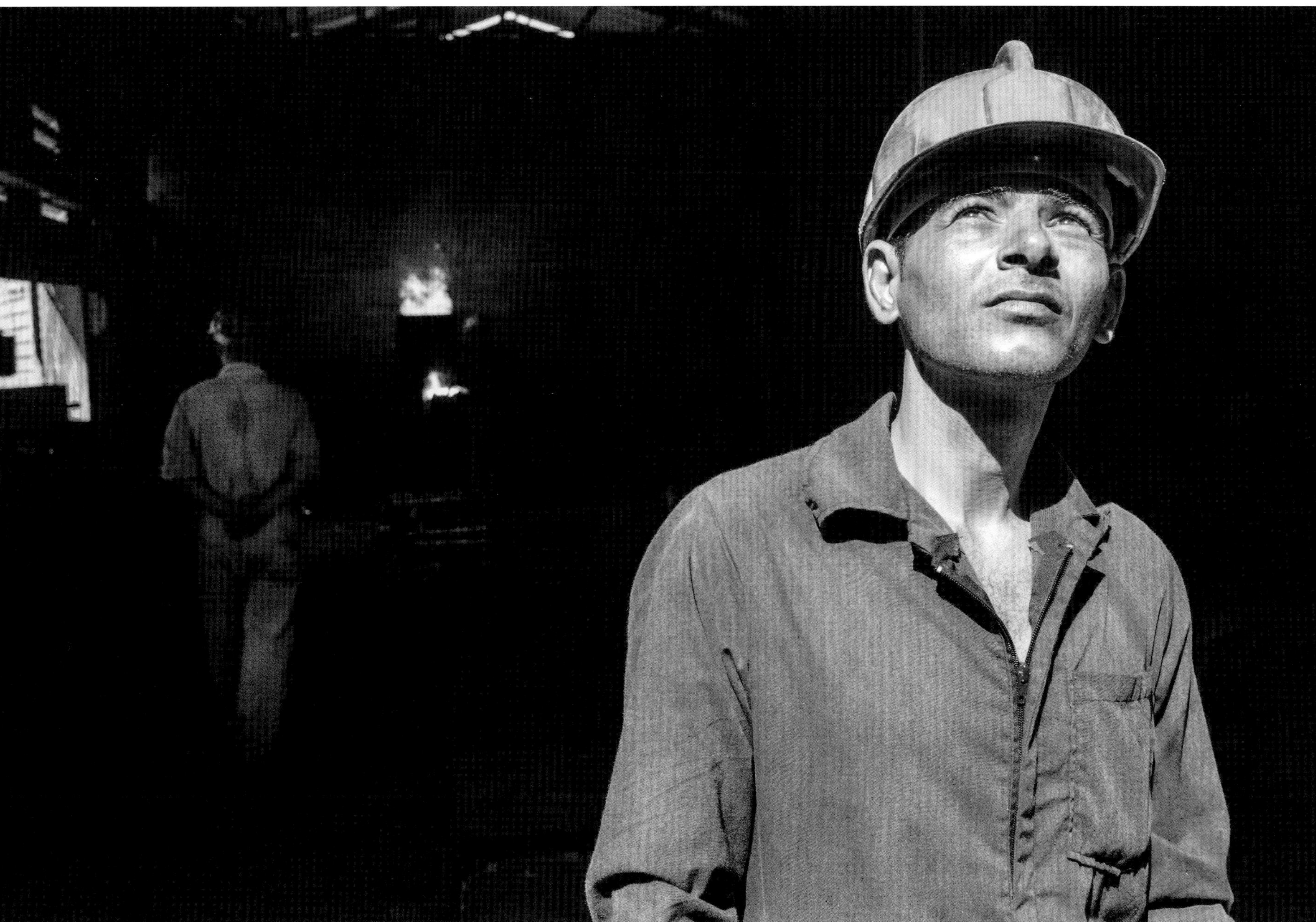

DER REICHE ONKEL AUS FLORIDA ODER:
WIE MAN EINEN EXILKUBANER ERKENNT

THE RICH UNCLE FROM FLORIDA, OR:
HOW TO RECOGNIZE A CUBAN EXILE

Viele Kubaner, die es bis nach Florida geschafft haben, lieben es, ihre Landsleute zu Hause mit überdimensionierten Uhren, Sonnenbrillen so groß wie Bratpfannen und goldenen Panzerketten zu beeindrucken.

Cubans who have made it to Florida love to impress their compatriots at home with huge wristwatches, sunglasses as big as frying pans, and thick gold chains.

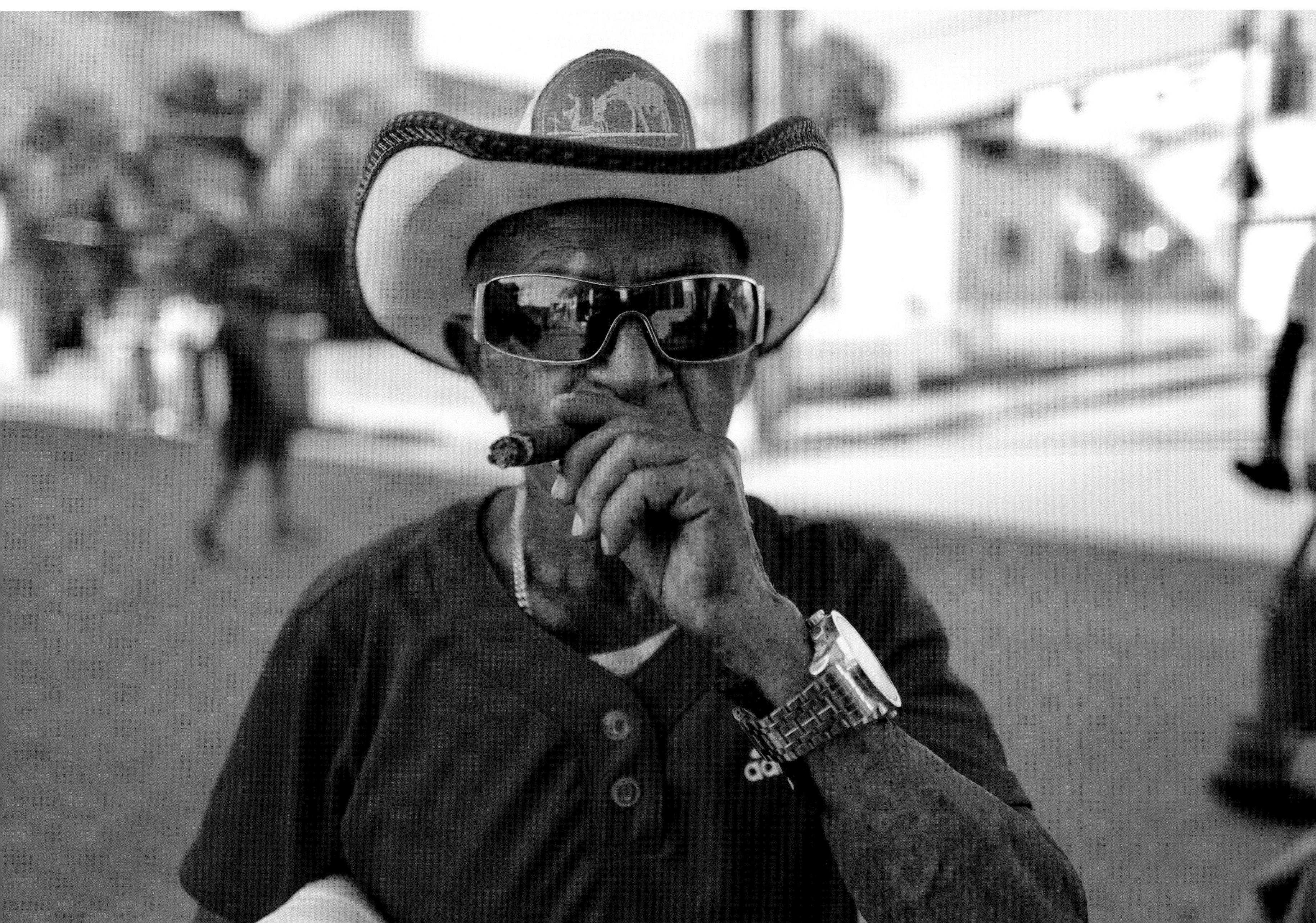

WENN DER KÜHLSCHRANK KAPUTT IST
WHEN THE REFRIGERATOR IS BROKEN

Aurora bekam vom Staat einen Kühlschrank zur Verfügung gestellt, den sie in kleinen monatlichen Raten abzahlen kann. Nur noch 18 Monate fehlten, dann wäre der Kühlschrank ihr Eigentum gewesen. Sie hatte Pech, und der Kühlschrank gab seinen Geist auf, bevor der Restbetrag getilgt war. Nun hatte Aurora zwei Probleme: Sie musste die Raten weiterzahlen und sie hatte keinen Kühlschrank mehr.

Eine Nachbarin bot ihr an, die Sachen für sie in ihrem eigenen Kühlschrank aufzubewahren. Aurora gab ihr einige Hühnerschenkel und Schweineschnitzel, war sie doch froh eine Freundin zu haben, die ihr in der Not zur Hilfe kam.

Bald keimte in ihr jedoch der Verdacht, dass die eingelagerten Waren weniger wurden. Sie zählte die Schnitzel: zehn gab sie der Nachbarin und zwei Wochen später waren es nur noch neun. Nun hatte sie den Beweis: Die freundliche Nachbarin stiehlt ihr Essen!

Aurora konnte mit jedem in der Straße darüber reden und ihren Unmut kundtun. Nur mit der betreffenden Nachbarin nicht, denn dann wäre diese beleidigt gewesen und hätte ihr die eigenen Schnitzel vor die Füße geworfen!

Aurora bought a refrigerator from the Cuban government, which she was to pay off in small monthly installments. Only eighteen months before the balance was paid off, the refrigerator broke. Now Aurora has two problems: she has to continue making the payments and she no longer has a refrigerator.

A neighbor offered some space in her refrigerator for Aurora to use. Aurora gave her some chicken thighs and pork chops, and was glad to have a friend in the neighborhood who was willing to help.

After a few weeks, however, she began to suspect that the food stored in her neighbor's refrigerator was beginning to disappear. She put it to the test and counted the pork chops. She gave her neighbor ten chops to store and two weeks later only nine were left. Now she had the proof: her friendly neighbor was stealing her food!

Aurora will freely express her displeasure about what was happening to most anyone on the street, just not to her neighbor, because her neighbor would become offended and would throw her meat at her feet!

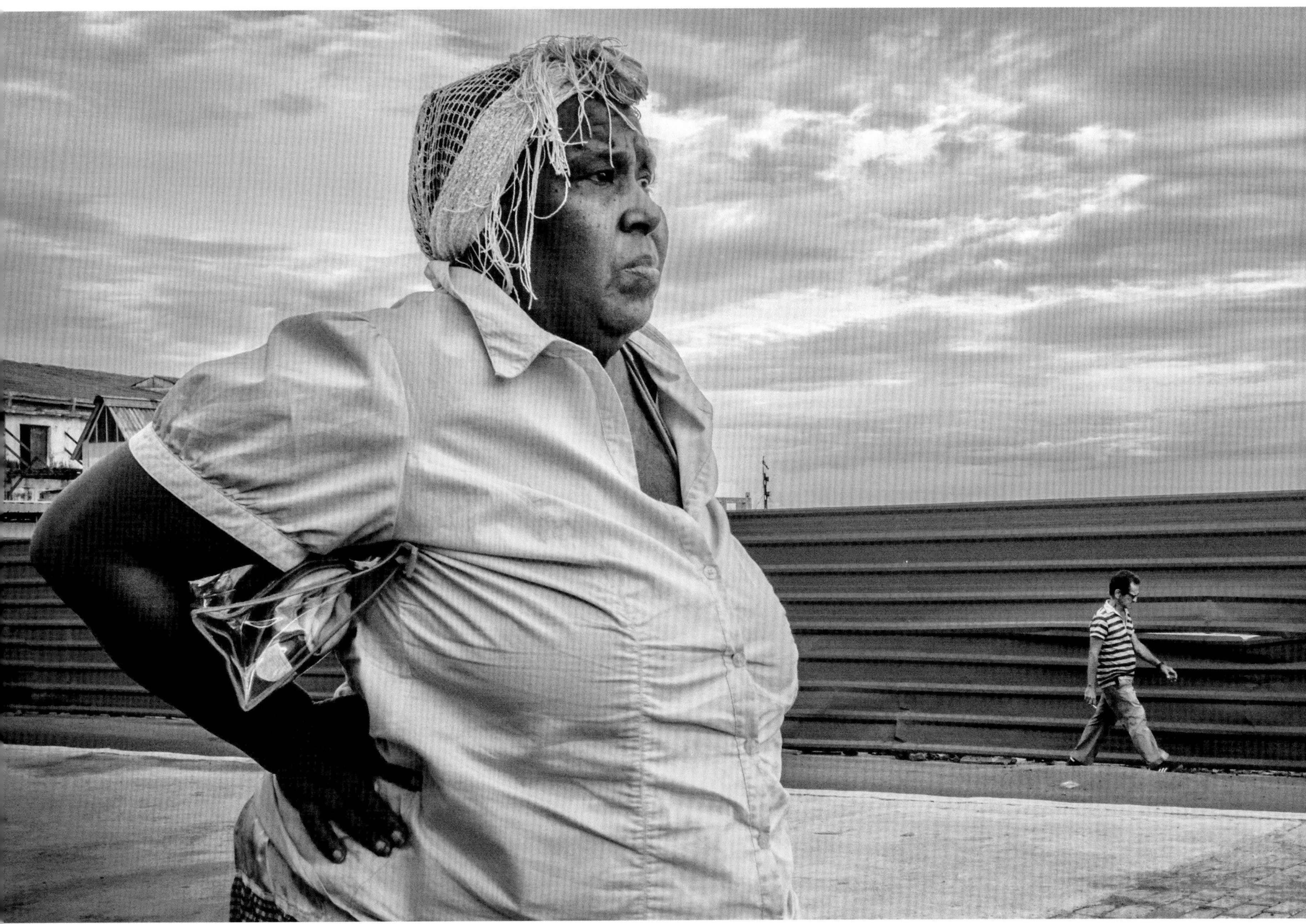

EINE REFLEXION ÜBER EINSAMKEIT
REFLECTING ON SOLITUDE

Raúl Postillo (77) ist wahrscheinlich der meistfotografierte Kubaner in Havanna, da er mitten in der Tür eines Lagerhauses (»almacen«) in der Straße Teniente Rey sitzt, die vom Parque Cristo direkt zum Placa Vieja führt. Seit Jahren.

Das Lagerhaus bietet nichts zum Verkauf an, ich habe dort nie Kunden gesehen, denn die Regale sind leer. Obwohl Raúl nichts zu tun hat, verleiht ihm sein regelmäßiger Tagesablauf Stolz und Würde, die er in einer kapitalistischen Welt niemals finden würde.

2019 wurde ihm die ganz besondere Ehre zuteil, an der »Art Basel« teilzunehmen. Und zwar nicht als Künstler, sondern als Kunst: Der Kubaner war Teil einer Installation des kosovarischen Künstlers Sislej Xhafa, die zum Nachdenken über die Einsamkeit anregen sollte. Raúl Postillo, der Kuba vorher nie verlassen hatte, sagte mir damals, dass er sich in der Schweiz sehr wohl fühle und von den Besuchern der Kunstausstellung gut aufgenommen werde.

Raúl Postillo is 77 and is probably one of the most photographed Cubans in Havana. He has been sitting for years in the doorway of a warehouse, or »alamacen«, on Teniente Rey street, which leads from Parque Cristo directly to the Placa Vieja.

The warehouse doesn't sell anything: The shelves are empty, and I have never seen anyone waiting to be served. Although Raúl doesn't actually have anything to do, his daily routine fills him with pride and a dignity that he could never find in a capitalist system.

In 2019 he was honored with an invitation to take part in the Swiss »Art Basel« art fair as an exhibit rather than as an artist. He was part of an installation by the Kosovan artist Sislej Xhafa that was designed to get viewers to think about solitude. Before the exhibition Raúl had never left Cuba and had never flown on an airplane, but he told me he felt at ease in Switzerland and that he was well received by those visiting the exhibition.

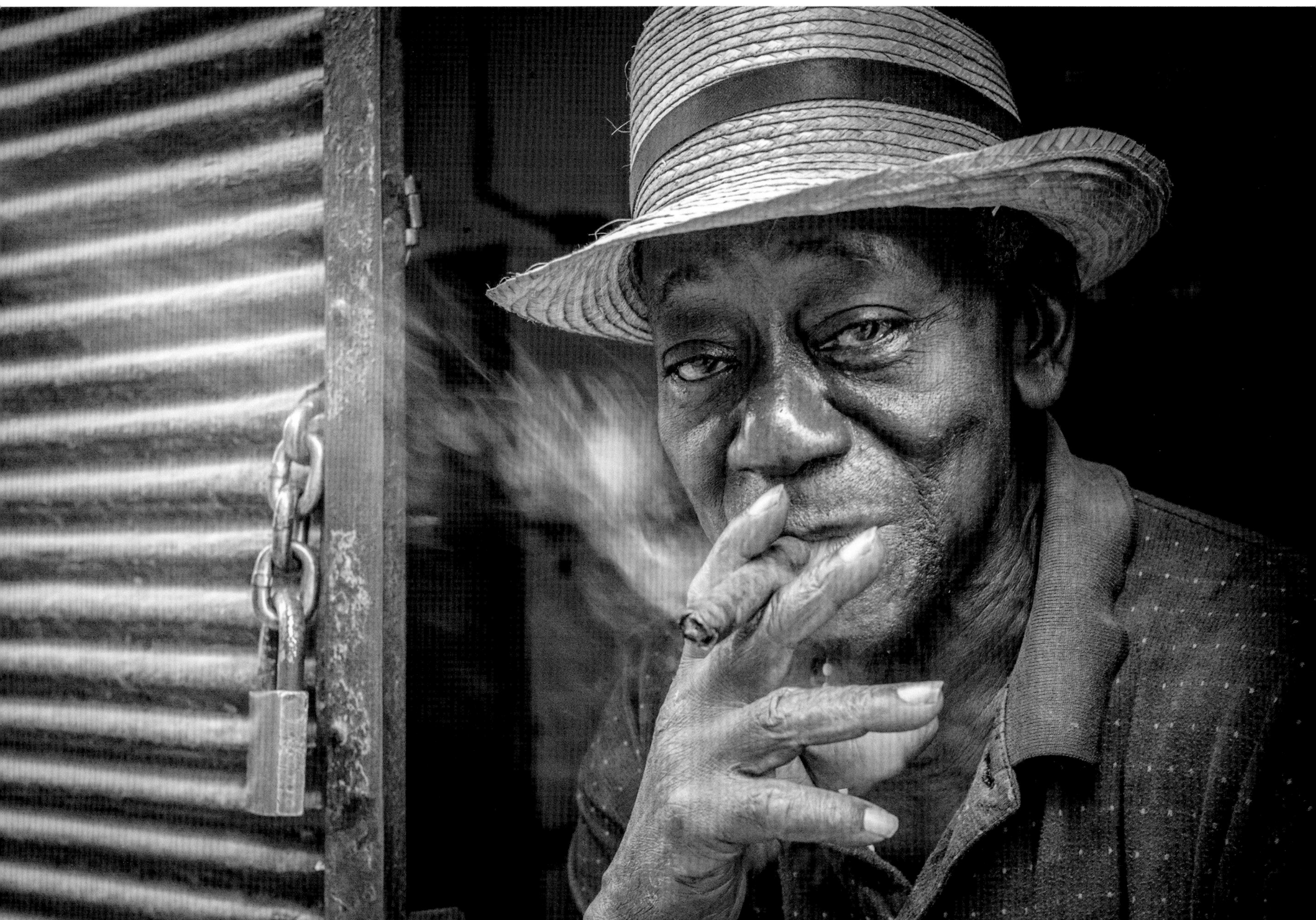

RAÚL POSTILLO KUNSTOBJEKT
RAÚL POSTILLO ARTPIECE

Seit Langem sitzt Raúl nun schon wieder in der Tür der alten Aluminiumfassade des Lagerhauses in Havanna – jenes Bild, das den Künstler aus dem Kosovo seinerzeit inspiriert hat.

Raúl has been back in Havana for a while now, again sitting at his customary post between the aluminum shutters—a scene that had served as inspiration for the Kosovan artist.

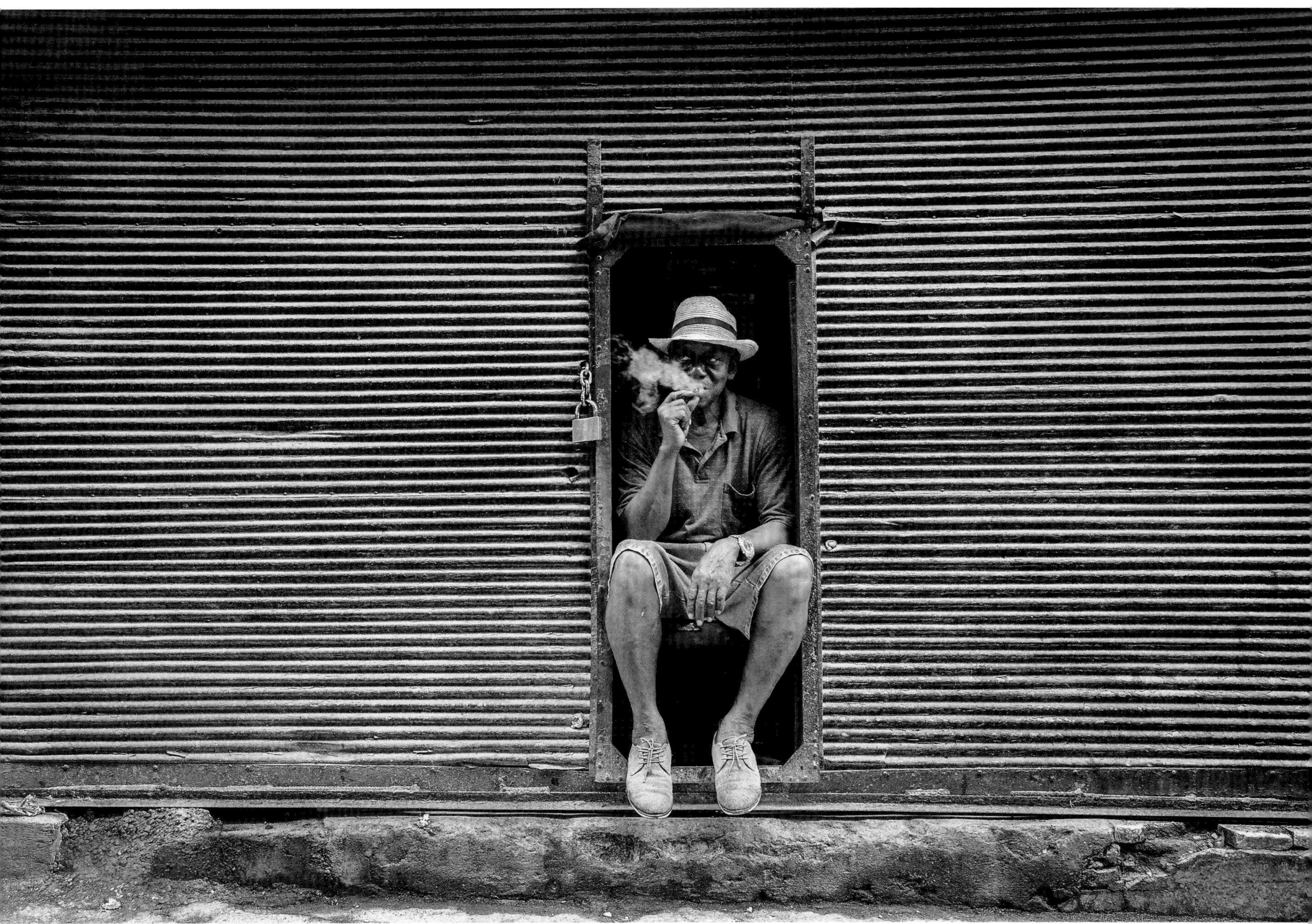

HURRIKAN IRMA (2017)
HURRICANE IRMA (2017)

Irma kam nicht unerwartet. Am späten Abend des 8. September 2017 traf der Zyklon auf den Nordosten Kubas mit Wellen zwischen vier und sechs Metern Höhe. Obwohl mittlerweile leicht abgeschwächt, brachte er eine andauernde Windgeschwindigkeit von bis zu 297 km/h über einen Zeitraum von 37 Stunden mit sich.

Vier Tage später wurde er bei uns in Havanna erwartet. Die Menschen schlossen sich ein und verbarrikadierten sich. Seit Tagen hatten die staatlichen Medien die Bevölkerung darauf vorbereitet und der Katastrophenschutz brachte nahezu eine Million Menschen in Sicherheit.

Viele kamen bei Verwandten oder in öffentlichen Schutzräumen unter. An der Nordküste Kubas waren zudem 10.000 ausländische Touristen in Sicherheit gebracht worden. Kubas Vorwarn- und Evakuierungssystem gilt in der Region als vorbildlich. Trotzdem starben in der Hauptstadt Havanna etwa zehn Menschen, vor allem durch einstürzende Häuser.

Das Foto entstand am 23. September 2017 irgendwo im Landesinneren, also zwei Wochen, nachdem der Hurrikan Kuba erreicht hatte.

Hurricane Irma made landfall on the northeast coast of Cuba in the late evening of September 8, 2017, with waves between twelve and twenty feet high. Though the storm had weakened by the time it hit the island, winds of up to 185 mph blew for nearly 37 hours.

It was due to hit Havana four days later and everyone had barricaded themselves in. For days, state media had warned of the pending disaster and emergency services had already transported nearly a million people to safety.

Many people sought refuge from the storm with their relatives or in public shelters, while the state moved 10,000 tourists out of the northeast. Cuba's early warning and evacuation systems are considered the best in the region, but they weren't able to prevent the deaths of ten people in Havana, most killed by collapsing buildings.

I captured this image on September 23, 2017 (two weeks after the hurricane had reached Cuba) somewhere in the island's interior.

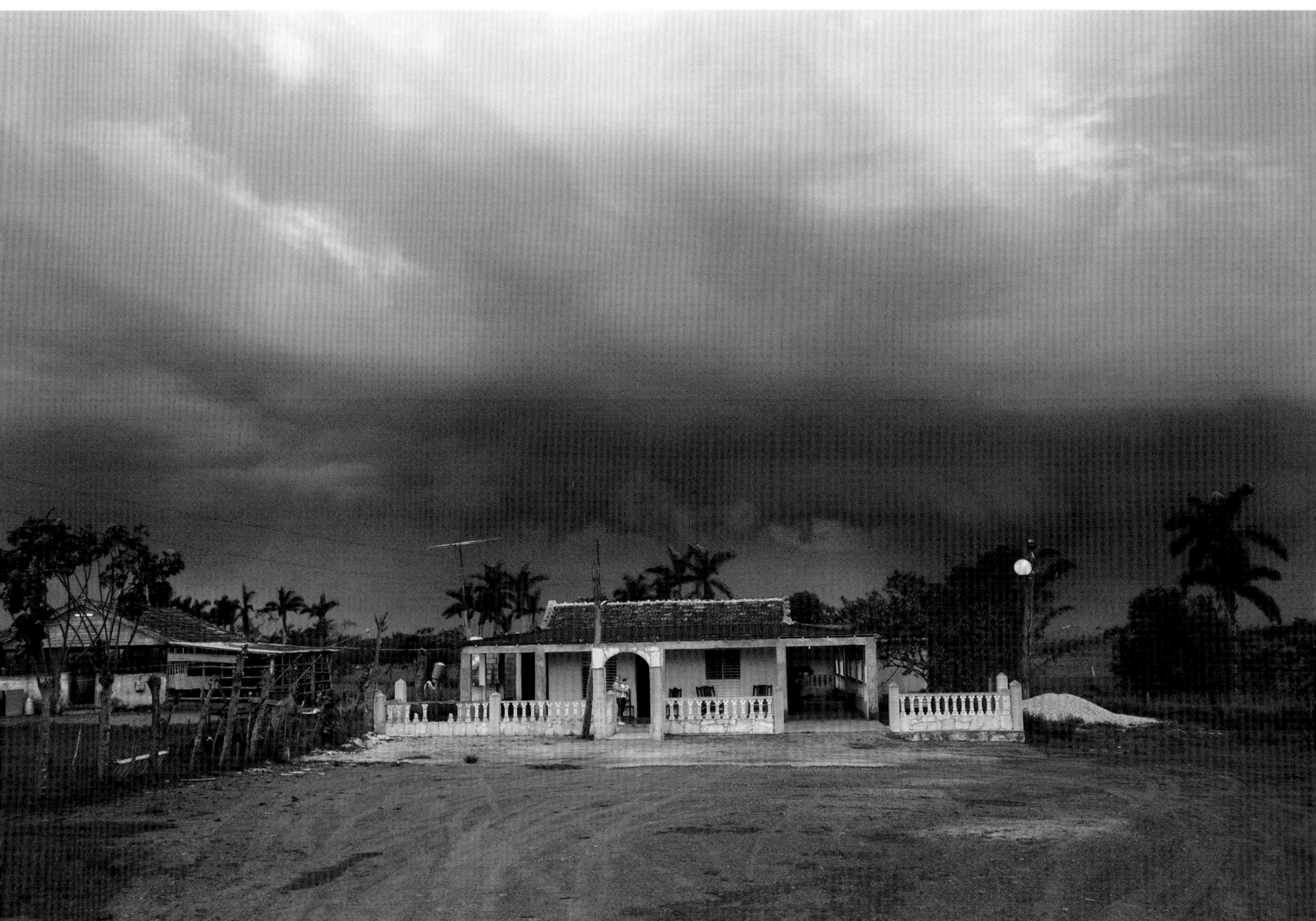

SONNTAGS IN CASABLANCA
SUNDAY IN CASABLANCA

Casablanca, ein verschlafenes Nest auf der anderen Seite des Hafens von Havanna, hat für die Jugend nicht viel zu bieten. Sonntags trifft man sich meistens, um durch einen Sprung ins Wasser der Hitze zu entfliehen.

Across the harbor from Havana is the sleepy town of Casablanca. There is not much for young people to do there. Often, they meet on Sundays for a swim to escape the heat.

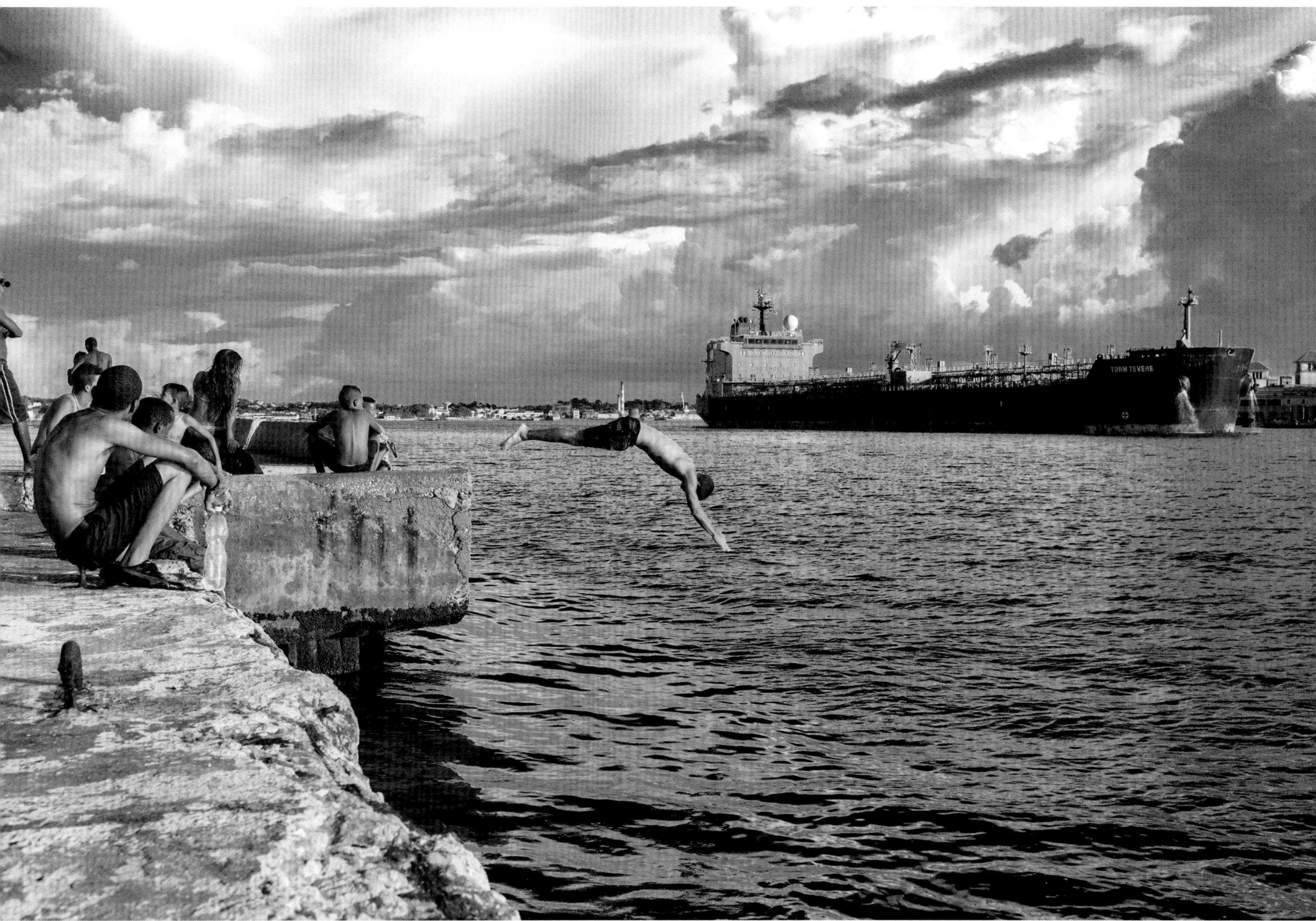
TORM TEVERE

SCHATZSUCHER
TREASURE HUNTER

Es ist Sonntagmorgen, als ich Hernando im Hafenbecken von Havanna entdecke. Ich beobachte ihn eine Zeit lang, wie er offenbar ziellos umherschnorchelt um dann irgendwann aufzutauchen. Er hält einen Moment inne, bevor er einen erneuten Anlauf unternimmt und wieder über das Wasser gleitet, den Kopf suchend nach unten gerichtet. Nach einer Viertelstunde kommt er wieder zurück und geht schließlich an Land. Er hat mich neugierig gemacht mit seinen Schwimmübungen, und ich frage ihn deshalb, ob schnorcheln denn sein Hobby sei. Er verneint meine Frage und schildert mir, dass er jeden Sonntagmorgen hierherkommt, um nach verloren gegangenen Halsketten oder anderen Schmuckstücken zu suchen. Denn oft kommt es vor, dass Touristen in einer heißen Nacht in das Hafenbecken springen und dabei eine Kette, einen Ring oder andere Dinge verlieren. Auf diese Schatzsuche hat er sich spezialisiert. Auch wenn die Ausbeute in der Regel relativ gering ist, hilft es ihm doch manchmal, schlechte Zeiten zu überbrücken.

I came across Hernando one Sunday morning at the harbor in Havana. I watched him for a while as he snorkeled randomly and occasionally surfaced. Each time, he would pause for a moment before starting another dive, all the while looking toward the sea floor as if he was searching for something. A quarter-hour later he gave up and headed to dry land. His antics had grabbed my attention and I asked him if snorkeling was perhaps his hobby. He said no, he comes here every Sunday morning to look for necklaces, rings, and other jewelry that tourists lose when they take a spur-of-the-moment dip in the harbor on a hot Havana night. This unusual kind of treasure hunt has become his specialty and, even if the pickings are slim, it occasionally helps him to get through hard times.

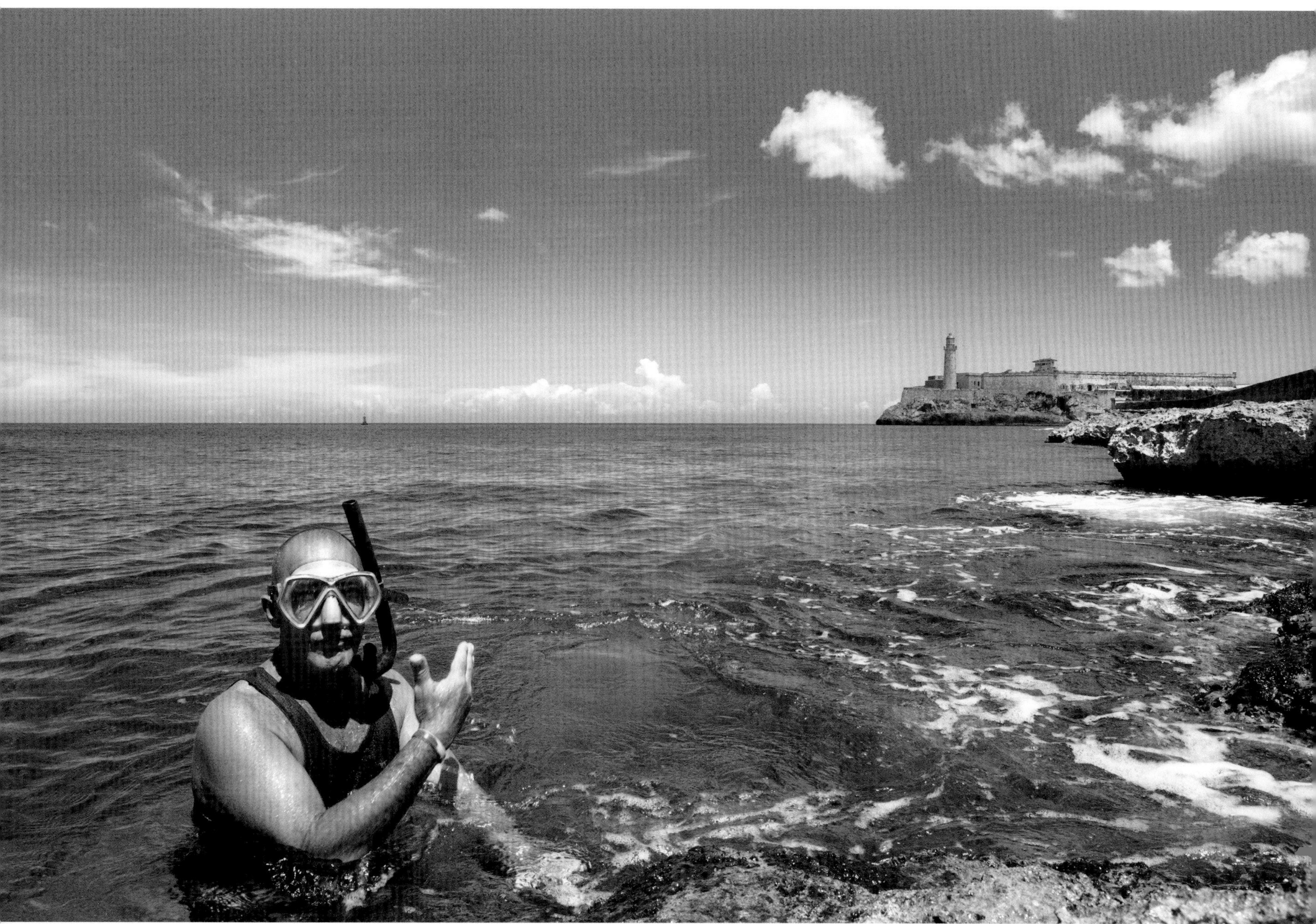

MARIANELLA IM MLC LADEN
MARIANELLA IN THE MLC SHOP

Marianella kommt eigentlich aus Bayamo, lebt aber schon seit 30 Jahren ín Havanna. Sie war heute zum ersten Mal in einem Laden in dem die Produkte mit einer »Moneda Libremente Convertible« (MLC-Karte) bezahlt werden können. Leider konnte sie nichts kaufen, nur zusehen, nur schauen, nichts anderes als schauen: Marianella hat, wie die meisten Kubaner, keine Verwandten im Ausland, die ihr die MLC-Karte mit Euro oder US-Dollar aufladen.

Sie erinnerte sich an die Zeiten, in denen Kuba die Zweitwährung des Peso Convertible (CUC) mit dem vergleichbaren Wert des US Dollars eingeführt hatte. Auch damals konnte sie sich nichts kaufen, hatte sie doch nur wenige Pesos Cubanos (CUP) zur Verfügung.

Marianella comes from Bayamo, but has lived for the past 30 years in Havana. Today was her first time in a shop where you can buy things using a Moneda Libremente Convertible (MLC) card. Unfortunately, she could only window shop and wasn't able to purchase anything. This is because, like most Cubans, Marianella has no relatives abroad who can transfer euros or US dollars to an MLC card account.

She remembers the times when Cuba had a parallel currency for tourists and other foreigners called the peso convertible (CUC), with a value linked to the US dollar, but even then she couldn't buy much, as all she had were a few local pesos cubanos, or CUP.

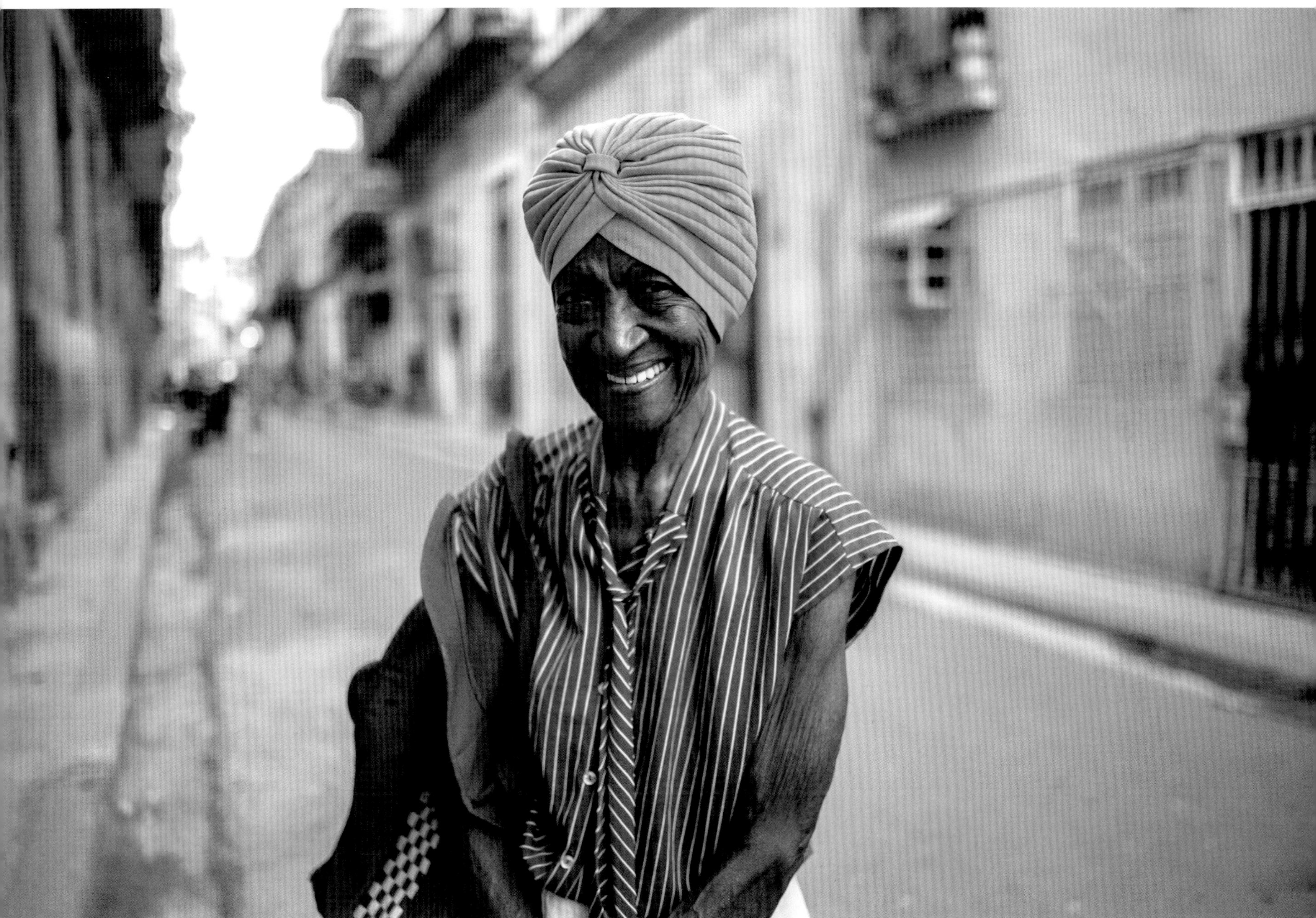

Sämtliche im Buch aufgeführten Geschichten und Anekdoten sind entweder vom Autor selbst erlebt oder wurden ihm über seine kubanischen Freunde oder Familienmitglieder zugetragen. Um die betroffenen Personen zu schützen wurden deren Namen teilweise geändert.

All of the stories and anecdotes in the book have either been experienced by the author himself or were brought to him through his Cuban friends or family members. To protect the privacy of some of the individuals, their names have been changed.